中国经济实验研究院实证中国系列丛书

国际资产价格的
一般均衡理论

郭 路 著

GUOJI ZICHAN JIAGE DE
YIBAN JUNHENG LILUN

中国社会科学出版社

图书在版编目（CIP）数据

国际资产价格的一般均衡理论/郭路著．—北京：中国社会科学出版社，2016.10

（中国经济实验研究院实证中国系列丛书）

ISBN 978-7-5161-9068-5

Ⅰ.①国⋯　Ⅱ.①郭⋯　Ⅲ.①国际资本——一般均衡论—研究　Ⅳ.①F831.5

中国版本图书馆 CIP 数据核字（2016）第 241713 号

出 版 人	赵剑英
责任编辑	卢小生
责任校对	周晓东
责任印制	王　超
出　　版	中国社会科学出版社
社　　址	北京鼓楼西大街甲 158 号
邮　　编	100720
网　　址	http://www.csspw.cn
发 行 部	010-84083685
门 市 部	010-84029450
经　　销	新华书店及其他书店
印　　刷	北京金瀑印刷有限责任公司
装　　订	廊坊市广阳区广增装订厂
版　　次	2016 年 10 月第 1 版
印　　次	2016 年 10 月第 1 次印刷
开　　本	710×1000　1/16
印　　张	7.75
插　　页	2
字　　数	108 千字
定　　价	30.00 元

凡购买中国社会科学出版社图书，如有质量问题请与本社营销中心联系调换
电话：010-84083683
版权所有　侵权必究

目 录

第一章 导论 ··· 1

    第一节 选题意义与研究的问题 ······························· 1

    第二节 相关文献综述 ·· 4

        一 资产定价与有效市场 ······································ 4

        二 行为金融 ·· 12

        三 金融衍生物 ··· 17

        四 CIR 模型评价 ·· 21

    第三节 主要结论与不足 ··· 22

第二章 国际资产定价 ·· 25

    第一节 国际资产定价模型的形式：鞅方法证明 ············ 27

    第二节 国际资产定价模型的形式：随机控制证明 ········ 29

        一 投资收益—风险等价定理 ································ 33

        二 国际基金分离定理（"4+S"基金分离定理） ······ 37

        三 动态利率平价定理 ·· 38

        四 一个例子 ·· 40

    附录 I　Matlab 程序 ··· 44

    附录 II　资产选择是最优时，国内外实物
投资收益率、国内外资产投资收
益率、汇率变化、财富变化程序 ··············· 44

第三章　带有货币的国际资产定价 ································ 48
第一节　带有货币的经济中的资产价格 ························· 54
第二节　带有货币的资产定价 ····································· 57
  一　对"风险溢价之谜"和"无风险利率之谜"的解释 ····· 64
  二　货币经济中固定汇率和自由浮动汇率
    对定价的影响 ··· 66
第三节　带有货币的国际资产定价：随机控制证明 ············ 68
  一　货币经济中的投资收益—风险等价定理 ··············· 74
  二　货币经济中的投资收益—风险等价与无货币经济中的
    投资收益—风险等价比较 ···································· 75
  三　相对风险溢价——对风险溢价之谜的解释 ············ 78
  四　最优组合 ·· 80
  五　带有货币的动态利率平价定理 ··························· 81
  六　一个例子 ·· 83
  附录Ⅰ ·· 85
  附录Ⅱ ·· 86

第四章　一般均衡：国际资产均衡价格存在性与唯一性 ········ 91
第一节　模型 ··· 91
第二节　资产均衡价格存在性与唯一性 ·························· 93
  一　存在映射到同一个 $C(S)$ 空间的算子 T ··············· 93
  二　算子满足布莱克韦尔条件 ································· 93
第三节　资产选择的最优条件 ····································· 94

第五章　总结及研究展望 ··· 98
第一节　总结 ··· 98
第二节　研究发展与展望 ·· 100

参考文献 ··· 107
后　记 ·· 119

第一章 导论

第一节 选题意义与研究的问题

资产定价是金融经济学的核心,最初它主要解释金融资产的收益与风险之间的关系。随后,在默顿、卢卡斯、布里登(Merton, Lucas, Breeden)等学者的努力下,把这个纯金融问题纳入动态一般均衡的分析框架下,使其成为一个经济学研究的问题。在这个框架下,投资者对资产的选择将会影响其长期的福利,通过这种选择,不但可以得出前人所推导出来的静态资产定价模型,而且还可以得出资产定价的动态解。由于分析是建立在一般均衡的基础上的,所以,这种动态分析与最初的资产定价静态分析相比,其对问题的理解更加全面,对资产定价的洞察更加深刻。由于一般均衡分析还要对解的存在性与唯一性进行说明,所以,金融经济学家也很自然地把一部分注意力集中到了金融资产价格的存在性和唯一性上。到1985年,考克斯、英格索尔和罗斯(Cox, Ingersoll and Ross)完成了资产定价的一般均衡化的收尾工作。至此,资产定价一般均衡分析已经有30多年没有取得新的进展了。

另一些学者则把注意力放在资产定价模型的扩展上,其中,索尔尼克(Solnik, 1974),格劳尔、利特森伯格和斯特尔(Grauer, Litzenberger and Stehle, 1976),森贝特(Senbet, 1979),斯塔尔兹(Stulz, 1981)等把封闭条件下的资产定价问题扩展为开发条件下的资产定价问题。但是，这些学者的工作尽管具有一些一般均衡的分析思想，但是，他们的工作仍旧停留在局部均衡的分析上。在他们的工作中，忽略了经济中的生产方面，如果用阿罗—德布鲁（Arrow–Debreu）证券来替代生产，这样，对投资者最优行为的分析，就转换为投资者怎样对阿罗—德布鲁证券进行选择，以使自身福利水平最优问题。

本书的工作主要考察在开放条件下国际资产的配置状况。对于这个问题的研究，本书借鉴了考克斯、英格索尔和罗斯（1985）的工作，认为投资者不仅在阿罗—德布鲁证券之间进行选择，还需要在生产之间进行选择，以使自身的长期福利最优。对于在开放条件下资产选择的问题，汇率因素是区别封闭分析与开放分析的一个关键。在开放条件下，投资者需要考虑汇率因素以对国内外的资产进行配置中；在封闭情况下，汇率将不再影响投资者的资产配置。另外，在封闭情况下，货币因素往往被忽略掉，也往往认为，货币是对资产价格的一种衡量。这样，货币因素在封闭的情况下将不再影响投资者的选择。然而，在开放情况下，由于各国货币发行速度的不同，这样，势必会影响到汇率与名义收益率，因此，在开放情况下，货币发行的不同也会影响到投资者的资产配置。

通过对上面问题的分析，并以此为基础，本书对以下问题给出了某种程度上的理论解释。

第一，1964—1966年，夏普（Sharpe，1964）、林特纳（Lintner，1965）和莫辛（Mossin，1966）的工作给出了资产定价模型（CAPM）一个基本的形式，但是，这种形式是在静态条件下给出的，默顿等在20世纪70年代给出了动态CAPM的形式。另外，索尔尼克和森贝特给出了在开放条件下国际资产价格的动态形式，但是，在他们的分析中，缺乏对汇率制度影响资产定价的分析。凭直觉，我们知道，不同的汇率制度是一定会影响到国际投资者的资产配置的，进而会影响到资产定价的。另外，在前人的分析中，他们仅仅分析了在开放条件下国际资产的配置情况，缺乏分析由于资产的国际配置是怎样对资产价格产生影响的。那么，在开放情况下，投资者资产的国际化配置会怎样影响资产的定价呢？完全浮动汇率制度和固定汇率制度会对资产价格产生怎样的影响呢？在本书中，我们将会对这些问题给出一种理论上的阐释。

第二，实证发现，理论与现实往往存在一些矛盾，其中，有两个十分让研究者着迷的"谜"——"风险溢价之谜"和"无风险利率之谜"。梅拉和普雷斯科特（Mehra and Prescott, 1985）按照由卢卡斯（1978）得到的资产定价公式经实证发现：投资者的相对风险厌恶系数很大，处于一个非常高的区间内。梅拉和普雷斯科特（1985）将此现象称为"风险溢价之谜"。由于相对风险厌恶系数很高，则消费的跨期替代弹性将取非常低的值，而很低的跨期替代弹性则需要投资者的消费是平滑的。为保持消费者消费的平滑，投资者会发生借贷，这样，将导致无风险利率变高，而实际市场的无风险利率却很低。韦尔（Weil, 1989）把这种无法解释的现象称为"无风险利率之谜"。对于这两个"谜"，从理论上很难解释，这是由于，实证中用于解释资产价格的消费数据往往很平滑，而资产价格的波动性又很大，因此，当效用函数为 CRRA 型效用函数时，相对风险厌恶系数就不得不变得很大，尽管有学者将相对风险厌恶系数与跨期替代弹性进行分离以便对"风险溢价之谜"进行解释，并取得了一定的成功，但实证的结果发现，相对风险厌恶系数依然较大。历史的证据也发现，在不同本位制的情况下，相对风险厌恶系数也是差别很大的，而通过对相对风险厌恶系数与跨期替代弹性进行分离是难以解释这种现象的。本书将从带有货币的国际资本资产定价模型出发，对这两个"谜"进行解释。

第三，杜利和艾萨德（Dooley and Isard, 1983）、胡珀和默顿（Hooper and Merton, 1982）通过实证检验发现：现实中，利率平价定理很难成立，汇率波动不仅取决于两国之间的利率差，而且还与一些随机因素有关。但是，他们并没有给出明确的理论解释。本书试图通过所谓的"动态利率平价定理"，对这种现象进行解释，并把静态利率平价定理推广为动态利率平价定理。

　　由于本书的分析是建立在经济开放的条件下，因此，封闭条件下所得到的资产定价将是开放条件下所得到的资产定价的一种特殊情况。这样，由前人在封闭条件下所得到的一些定理和结论也将会发生某种改变。

第二节　相关文献综述

　　金融经济学是一个很让人着迷的研究领域，对它的研究可以说涉及了微观、宏观经济学和计量经济学的各个方面。其核心部分——资产定价是从投资者的效用最大化开始分析的，这是一个典型的微观分析。在对投资者动态选择的研究中，其所用到的方法又可以看成一个随机拉姆齐模型，这又是宏观经济学的一个典型的分析框架。在对资产价格的存在性和唯一性的研究中，又可以看成是动态一般均衡随机解的基础。另外，随着金融经济学的发展，对其检验的计量方法也不断进步，最典型的是当卢卡斯在1978年用递归方法阐述了资产定价的核（Core）后，汉森和辛格尔顿（Hansen and Singleton）在1982年发展了广义矩估计（GMM），并对定价核进行检验。汉森和辛格尔顿的工作可以看成计量经济学一个里程碑式工作，现在，广义矩估计已经广泛地应用在经济学当中了。最后，由于很多所获得的金融数据的时间间隔往往小于经济数据，这样，也促进了对高频数据的研究。下面是对金融经济学的一个简要的评述。

一　资产定价与有效市场

　　哈里·马科维茨[①]（Harry Markowitz）在1952年发展的论文是现代金融学中的一篇非常重要的文献，是资产组合理论的开山之

---

① Harry Markowitz, "Portfolio Selection", *Journal of Finance*, Vol. 7, 1952, 77/91.

作。他认为,尽管可以通过最大化投资者的证券的贴现预期收益率,但是,投资者行为并不会与之相符,由于金融市场的不完美,投资者不可能仅仅考虑最大化证券的贴现预期的收益率。马科维茨设定了另一个更好的假设:投资者面对的不仅有预期收益率还有收益率方差(方差用来衡量风险的大小),通过这个假设,投资者可以在证券的预期收益率和收益率方差之间进行权衡,以使自己的效用达到最大。由于市场中存在许多的证券,投资者可以通过组合证券来降低自身的风险。最后,马科维茨得出结论认为,投资者在预期收益率和收益率方差之间进行权衡的假设导致了投资的分散化。这样,也就解释了投资者为什么要投资分散化。投资分散化并不仅仅把资本投资到相同或相似行业中的不同证券中,而是投入到不同行业中的证券中;在投资组合中,应该尽量降低组合的正相关性,彼此尽量保持独立,通过降低彼此的相关性(用协方差表示)来降低风险。

马科维茨的理论虽然解释了投资的分散化,但是,在具体的应用方面则遇到了不少的问题。

首先,该理论认为,资产收益率分布是对称的,而在现实中该收益率往往是非对称质性(如果不存在卖空的情况下),这样就会出现正的偏差。

其次,在现实中存在许多的证券,投资者不可能及时计算出来各个证券的预期收益率和方差,因此也就没有可能有效地进行组合。

最后,托宾[1](Tobin)于1958年分析了证券与现金之间进行选择的问题。托宾证明了如果投资者效用函数是预期收益率的二次函数时,可以推导出效用是预期收益率的正函数,而预期收益率的方差与效用是负相关的关系,但二次函数在现实中存在一些不足,比

---

[1] Tobin James, "Liquidity Preference as Behavior Towards Risk", *Review of Economic Studies*, Vol. 25, 1958, 65/86.

如，投资者的财富越多，他对风险也越厌恶。

夏普①（1964）、林特纳②（1965）与莫辛③（1966）所发展的静态资产定价模型（CAPM）是金融经济学发展的一个里程碑，资产定价理论已经成为金融经济学的理论支柱。夏普通过把资产价格与一个单风险因素相联系，大大简化了马科维茨的理论，并使均值一方差理论可以在一定程度上得到应用。

CAPM认为，市场上存在两种风险：一种是市场的系统风险，它不能通过投资分散化来消除。夏普用β系数来描述，β系数用来描述和测算某个资产预期收益率与市场组合收益率的关系。另一种是与市场无关的非系统风险，它可以来自公司的基本面（APT理论所关注与解释的）。夏普认为，组合的预期收益率仅与β系数有关，通过对β系数的测量，可以衡量出资产预期收益率。这样，CAPM可以在一定程度上弥补马科维茨理论的不可实证性。该理论认为，β系数可以表示为市场资产组合的预期收益与某个资产预期收益的风险水平和该市场资产组合预期收益的共同风险之权重。其具体形式如下：

$$E(R_i) = R_f + \frac{\text{cov}(R_i, R_m)}{\sigma_m^2}[E(R_m) - R_f] \tag{1.1}$$

式中，$E(R_i)$表示资产i的预期收益率，$E(R_m)$表示市场资产组合的预期收益率，R_f表示无风险收益率，R_i表示第i个资产的收益率，R_m表示整个市场的收益率，$E(R_m) - R_f$表示预期超额收益，如果把$\frac{\text{cov}(R_i, R_m)}{\sigma_m^2}$用$\beta_{im}$来表示，则式（1.1）为：

$$E(R_i) = R_f + \beta_{im}[E(R_m) - R_f] \tag{1.2}$$

---

① Sharpe William, "Capital Asset Prices: A Theory of Market Equilibrium under Conditions of risk", *Journal of Finance*, Vol. 19, No. 3, 1964, 425/442.

② Lintner, J., "Valuation of Risk Assets and the Selection of Risky Investments in Stock Portfolios and Capital Budgets", *Review of Economics and Statistics*, 1965, 13–37.

③ Mossin Jan, "Equilibrium in a Capital Asset Market", *Econometrica*, Vol. 10, No. 34 (3), 1966, 349/360.

如果 β_{im} 是相对稳定的，则式（1.2）就可以变成一个线性回归方程。这样，就可以通过 β 系数对资产 i 的收益进行计算和比较，同样，金融数据就可以有效地、系统地用于实证了。式（1.2）中，β_{im} 是非常关键的一个参数，它应该能完全说明预期超额收益的横截面变化。在随后的实证分析中，很多工作都是基于静态 CAPM 理论所得到的资产收益率的形式进行实证的。

托宾（1958）[①]证明了在存在卖空与买空情况下，风险资产和卖空与买空组合比其他市场组合更优（二基金分离定理）。即如果市场足够有效的话，可以选择一个最优资产组合，然后对其进行卖空和买空的操作，这个组合的效果和对整个市场的全部资产的最优组合的效果是相同的，因此，投资者没有必要考虑整个市场的资产如何进行组合，仅需考虑自身资产的最优组合的卖空和买空就行了。

尽管夏普（1964）、林特纳（1965）和莫辛（1966）的静态资本资产定价模型已成为金融经济学理论支柱，但是，罗尔[②]（Roll，1977）认为，市场有效性和 CAPM 有效性假设是不可计量的，而且实证证据表明，CAPM 模型并不能解释股票组合期望收益截面变化（Fama and French[③]，1992）。他们发展了一个三因素模型来说明：β 系数不能客观地描述市场资本化（Market Capitalization）和账面价值（Book - to - market Value）。因此，有些学者认为，CAPM 可以用具有几种风险的多因素模型来代替。

罗斯把夏普的单因素模型发展成为一个多因素模型，罗斯（1976）[④] 提出了套利定价模型（APT）。罗斯从随机收益率角度出

[①] Tobin James, "Liquidity Preference as Behavior Towards Risk", *Review of Economic Studies*, Vol. 25, 1958, 65/86.

[②] Roll Richard, "A Critique of the Asset Pricing Theory's Tests", *Journal of Financial Economics*, Vol. 4, 1977, 129/176.

[③] Fama, Eugene F. and Kenneth French, "The Cross - section of Expected Stock Returns", *Journal of Finance*, Vol. 47, 1992, 427/466.

[④] Ross Stephen, "The Arbitrage Theory of Capital Asset Pricing", *Journal of Economic Theory*, Vol. 13, 1976, 341/360.

发来考虑问题，又利用中心极限定理来求出均值收益，从而把问题归结为怎样用有限的证券对无限的证券"近似"定价。罗斯假设：在市场是竞争性的和不存在摩擦的情况下，如果资产的均衡价格不存在套利的机会，资产的预期收益率与影响预期收益率的因素大致是一个线性关系。APT模型避开了市场组合，用多因素代替了CAPM中的单因素。并且罗斯（1978）[①]又证明了APT在本质上与均值—方差理论是一致的，该理论还排除了均值—方差理论中效用函数是二次的假设和收益率是正态分布的假设[②]，也不需要CAPM中市场组合一致性的假设。休伯曼（Huberman，1982）[③]把套利定义为存在N维向量的子序列w，并使套利在均衡时渐近不存在，同样也得出了与APT相同的结果。APT具有以下优点：

第一，它不需要设定投资者的投资偏好。

第二，它用多因素代替了单因素，扩展了均值—方差理论和CAPM。

第三，APT可以用来分析宏观经济变量怎样影响资产收益率。

第四，APT提供了一个对资产收益率分析的多元回归模型。因此，它比CAPM更具有普适性、更强的说明能力和可实证性。

APT的具体形式如下：

$$r_j = E_j + \beta_{j1}\delta_1 + \cdots + \beta_{jk}\delta_k + \varepsilon_j \quad j = 1, \cdots, n \tag{1.3}$$

式中，r_j表示资产j的收益率，E_j表示资产j的预期收益率，$\delta_1, \cdots, \delta_k$表示$k$个具有零均值的影响因素，$\varepsilon_j$表示一个零均值的资产扰动项，其与$\delta_1, \cdots, \delta_k$不相关。用矩阵表示为：

$$R = E + \beta\delta + \varepsilon$$

罗斯证明，在不存在无风险套利的情况下，存在常数γ_0和γ_1

[①] Ross Stephen, "The Current Status of the Capital Asset Pricing Model", *Journal of Finance*, Vol. 23, 1978, 885/901.

[②] 收益率的正态分布仅是中心极限定理的一个结论。

[③] Huberman, G., "A Simple Approach to Arbitrage Pricing", *Journal of Economic Theory*, Vol. 28, 1982, 183/191.

使 E 存在如下关系：

$$E \approx \gamma_0 \tau + \beta \gamma_1 \tag{1.4}$$

式中，γ_0、γ_1 表示参数，E 表示预期收益率，τ 表示无风险收益率，β 表示风险溢价因子。

结合式（1.3）和式（1.4），我们可以看出，APT 是一个线性模型。

尽管 APT 具有很多优点，但它并不是从经济理论中扩展来的，缺乏一定的理论依据，而且 APT 也没有说明这些多因素是怎样对预期收益率造成影响的、到底有多少因素会对预期收益率造成影响；而 CAPM 可以从偏好角度来说明预期收益率的变动。另外，在实证方面，虽然它在一定程度上克服了 β 系数的不稳定带来的麻烦，但是，它同样在实证方面存在不足，APT 利用事前数据对资产进行定价时，要求投资者的预期都是一致的，而在现实中，不同的投资者有着不同的预期，因此，对不同的市场、不同的时期，APT 所估计的参数是不一致的，而 APT 本身是在均衡不存在套利的条件下，资产价格不应该存在不一致的现象，对资产的多因素定价。

法玛（Fama，1970）[1] 最先对市场的有效性提出系统的讨论，最后发展为有效市场假说（efficient market hypothesis，EMH）。[2] 该理论是从信息角度出发来讨论金融市场的。EMH 理论假设：证券市场信息是充分地披露出来的，信息的获取是没有成本或几乎是没有成本的，投资者对信息会做出全面的、迅速的反应，从而导致股价发生相应变化。其认为："一个有效市场是指一个对信息处理是有效率的市场，在任何时点所观测到资产价格都是在该时点利用所有信息下的正确反映，市场价格有关资产的信息全部都会反映到资产

---

[1] Fama, Eugene, "Efficient Capital Markets: A Review of Theory and Empirical Work", *Journal of Finance*, Vol. 25, 1970, 383/417.

[2] 其实，对 EMH 最先定义的是萨缪尔森，他在 1965 年发表于 *Industrial Management Review* 的论文中就已经证明了信息在完全流动和不存在交易成本的情况下，次日资本市场的价格仅仅反映次日的"信息"。在这之前，法国数学家 Bachelier（1900）在其博士学位论文中也涉及了价格走势是随机的概念。

价格上。"① 因此,资产价格与其基本价值是相符的,任何投资者都不可能在市场上获得超额利润。比如,在证券市场上,理性的交易者能够正确评估证券的价格,如果还存在很多非理性交易者,那么,一方面,如果非理性交易者的非理性行为相互抵消,则对市场的有效性没有影响;另一方面,如果非理性交易者的非理性方向是相同的,这时由于套利的存在,短期内的价格偏离很快也会得到纠正,从而使市场能够恢复效率。

该理论的具体表达如下:

$$\widetilde{R}_{jt} = \frac{\widetilde{p}_{jt} - p_{j,t-1}}{p_{j,t-1}} \tag{1.5}$$

$$E_m(\widetilde{R}_{jt} | \varphi_{t-1}^m) = E(\widetilde{R}_{jt} | \varphi_{t-1}) \tag{1.6}$$

式中,"~"表示一个随机变量;$p_{j,t-1}$表示资产j在时点$t-1$时的价格,$\widetilde{p}_{jt}$表示资产j在时点t时的价格,该价格是一个随机变量,因为在仅有$t-1$时点上的信息时,该价格只能是一个随机变量;φ_{t-1}表示在时点$t-1$时的信息集;φ_{t-1}^m表示在时点$t-1$时,确定资产价格的信息集,可以看出,φ_{t-1}^m是φ_{t-1}的子集;$\widetilde{R}_{jt}$表示在指资产j在时点t时的收益率。

从式(1.6)中可以看出,市场信息总能反映出资产的正确价格,因此,不存在任何的套利可能。由于该理论的讨论太过宽泛,以至于没办法很好地去证实市场是否有效,所以,其进一步将市场有效性理论细分为弱有效、次强有效和强有效来达到可实证的目的。有效市场假说在还没有完整提出时就得到了许多实证检验的支持,其中,沃金(Working,1934)②、考尔斯(Cowles,1933)③、

---

① Fama Eugene, "Foundation of Finance – portfolio Decisions and Securities Prices", New York Basic Books, 1976, 133/137.

② Working Holbrook, "A Random Difference Series for Use in the Analysis of Time Series", *Journal of the American Statistical Association*, Vol. 29, 1934, 11/24.

③ Cowles, A., "Can Stock Market Forecasters Forecast?", *Econometrica*, Vol. 1, 1933, 309/324.

考尔斯和琼斯（1937）[1]的实证分析支持了有效市场假说，他们分析了商品市场和股票市场的价格，发现价格序列基本上不存在相关性。詹森(Jenson，1978)、多德（Dood，1981）发现，股票价格完全反映了股票转增信息所造成的影响。科文·平克顿（Keown Pinkerton，1981）[2]的研究发现，在公司被接管前后，股票的价格能正确和很好地反映信息是怎样对公司进行影响的，从而说明市场是有效的。

但是，有效市场理论受到了来自格罗斯曼和斯蒂格里茨（Grossman and Stiglitz，1980）[3]的挑战，他们否定了有效市场的存在。在他们的静态分析中，市场价格会受到私人信息的影响，市场上存在没有接收到信息的交易者（uninformed traders），他们可以通过学习来确定资产的价格，这样，市场的价格就会收到那些没有接受到信息的交易者学习成本的影响。因此，如果知情者不断地采用更好的信息策略，市场就永远达不到均衡。[4] 只有在市场中存在无数个噪声交易者（noise traders[5]）时——他们弥补了市场的非均衡——市场才有效。另外，希勒（Shiller，1981）[6]在研究了1971—1979年构成标准普尔（S&P）500指数500只股票的股利和盈利时，发现S&P 500指数的波动远远超过了股票基本价值的波动范围，以致无法通过股息支付的变化加以证明。希勒将这些额外的波动归结为是由投资者的非理性行为所致。巴苏（Basu，1977；1983）发现，低市盈率的股票经风险调整后的平均收益要高于那些高市盈率

---

[1] Cowles, A. and Jones, H., "Some Posteriori Probabilities in Stock Marker Action", *Econometrica*, Vol. 5 July, 1937, 780/794.

[2] Keown Pinkerton, "Merger Announcements and Insider Trading Activity: An Empirical Investigation", *The Journal of Finance*, Vol. 36, 1981, 855/869.

[3] Grossman, S. and Stiglitz, J., "On the Impossibility of Informationally Efficient Markets", *American Economic Review*, Vol. 70, 1980, 393/408.

[4] 价格只有很好地反映私人信息的时候，市场才有效。

[5] 他们能提供大量的随机资产，以消除私人信息（策略）的影响。

[6] Shiller, Robert J., "Do Stock Prices Move Too Much To Be Justified By Subsequent Changes In Dividends?", *American Economic Review*, Vol. 71, 1981.

的股票。低市盈率效应的存在违反了有效市场假设。① 罗和麦金雷（Lo and Mackinlay, 1988）② 的研究发现, 股票收益率呈现出均值复归现象③, 因此, 市场也不总是有效的。

有效市场假说理论是现代金融学的一个重要的理论, 虽然大量的实证检验也支持该理论。但是, 在实证检验中出现了"反常现象"。另外, 有效市场假说理论不像马科维茨的均值—方差理论和夏普的 CAPM 理论那样, 可以从一个经济学的基础出发可以推导出那些理论。因此, 对有效市场假说理论一直存在争论。争论的焦点主要集中在理性人假设上。其中, 针对有效市场假设前提的不切实际, 出现了行为金融学, 其对有效市场假说的假设前提进行了修正与扩展。

二 行为金融

在 20 世纪 90 年代的资产定价理论发展方面, 行为金融理论是一个非常活跃的研究领域, 它主要分析投资者的心理和情绪对金融决策、金融产品的价格以及对金融市场发展趋势的影响。行为金融理论在对人类行为进行了有限理性的假设下, 把投资者的心理和情绪等因素放入了投资决策分析中, 解释了在有效市场理论不能解释的"反常现象", 并且与实证分析相联系, 描述了在具有不确定性的情况下, 投资者的决策行为和证券价格如何确定的理论。"行为金融理论包括两个关键因素:

第一, 它假设市场中的部分投资者存在非正常的行为, 这种行为是受到来自非理性和非正常偏好（nonstandard preference）的影响, 经济试验和实证分析方面的研究支持了这种假设。

第二, 它假设市场中具有正常偏好理性投资者会限制自身的想法和行为, 通过这种限制行动, 以抵消来自具有非正常偏好的非理

---

① 参见《新帕尔格雷夫经济学大辞典》, 经济科学出版社 1996 年版, 第 122 页。
② Lo, A. W. and Mackinlay, A. C., "Stock Market Prices do not Follow Random Walls: Evidence from a Single Specification Test", *Review of Financial Study* 1, 1988, pp. 41 – 66.
③ 即现时收益率低的股票趋向于具有较高的未来收益率; 反之则不是。

性投资者的资产需求,也就是说,非理性投资者的行为会影响资产的价格。"①

传统金融理论认为,人的行为是理性的,具有理性和风险回避②的特点。而行为金融理论不认为人们都具有理性,认为人们的行为中存在许多非理性的因素,比如,人类存在许多理性之外的情绪、冲动和决策。这些因素使人们的行动的效果不再是自身的效用、收益和利润的最大化。另外,正是由于这种非理性导致了即使在其他人是理性的情况下,其他理性人也不能够理性行为。因此,传统的从效用最大化角度出发就不再有效了,这也就是为什么在实证中会经常发现市场组合理论和 CAPM 理论与实际不符的情况。

行为金融理论用"套利限制"(limits to arbitrage③)表明,在理性投资者和非理性投资者相互影响的经济体中,非理性对价格的影响是实质性的和长期的,被行为金融称为噪声交易者(Noise Traders)。噪声交易者往往仅考虑短期行为而对长期最优往往不够重视的非理性投资者的行为被认为是外生的,在缺少替代资产的情况下,理性投资者和噪声交易者的共同交易中,理性投资者限制了从自身效用最大化角度出发的行为,以至于不能完全吸收噪声交易者的影响;而且,如果理性投资者和噪声交易者在同一方向上进行交易,那么,不但不能消除这些噪声,反而会加剧那些由噪声交易者带来的非理性定价。

行为金融理论认为,由于现实中套利活动会存在大量风险,在替代资产不足的条件下,将限制套利行为使资产交易价格与其基本价值一直存在偏离。因此,有效市场很难存在。另外,德朗等

---

① Campbell John, "Asset Pricing at the Millennium", *The Journal of Finance*, Vol. 55, No. 4, 2000, 1515/1567.

② 理性是指从自身的效用、收益或利润最大化的角度出发来决策自身的行为,通过对他人策略和行为的静态与动态分析,来确定自身的策略和行动以达到自身的最大化,仅考虑短期最优而忽视了长期最优也被视为非理性;风险回避是指在具有相同的期望收益的条件下,确定性收益比不确定性收益的效用大。

③ Shleifer 和 Vishny 在 1997 年的论文中对此有详细的论述。

(Delong, Shleifer, Summers and Waldman, 1991)[1]认为，即使在拥有完美替代性证券的情况下，套利者仍会发现那些本来就低估的资产会被进一步低估。沃格勒等（Wurgler and Zhuravskaya, 2002）[2]发现，噪声交易者会使包含在 S&P 500 指数中的股票价格有更高的溢价，这是由于这些股票无法通过市场组合来降低它们的风险（这种风险在组合理论中被视为系统风险），而且噪声交易者也会影响 IPO（Initial Public Offerings, IPO）股票的价格。默顿（1987）[3]认为，获得套利的机会是有成本的，仅有少部分投资者会随时意识到套利的机会，因此，市场中的偏离不可能完全消除。

金融学所研究的市场运行状况、投资者的市场活动、证券的价格其实都是建立在市场主体在市场中的决策行为上的，因而，无论行为金融学，还是传统金融理论，都围绕着人的决策在构建模型。传统金融理论当中，把投资者设为一个完全意义上的理性人，而且无论在何种情境下都可以运用理性，根据成本和收益进行比较，从而做出对自己效用最大化的决策。而行为金融理论是行为理论与金融分析相结合的研究方法与理论体系。它分析人的心理、行为以及情绪对人的金融决策、金融产品的价格以及金融市场发展趋势的影响。

行为金融理论是用预期理论（prospect theory）来进行建模假设的，该理论最先是由卡伦曼和特维斯基（Kahneman and Tversky, 1979）[4]提出的，是一种研究人们在不确定的条件下如何做出决策的理论。该理论扩展了期望效用理论，卡伦曼和托斯基把在具有相同

---

[1] Delong, J. D., Shleifer, A., Summers, L. H. and Waldman, R. J., "Noise Trader risk in Financial Market", *Journal of Political Economy*, Vol. 98, 1991, 703/738.

[2] Wurgler Jeffrey and Zhuravskaya Ekaterina, "Does Arbitrage Flatten Demand Curves for Stocks?", *Journal of Business*, Vol. 75, 2002, 583/608.

[3] Merton Robert, "A Simple Model of Capital Market Equilibrium with Incomplete Information", *Journal of Finance*, Vol. 42, 1987, 483/510.

[4] Kahneman, D. and A. Tversky, "Prospect Theory: An Analysis of Decision Under Risk", *Econometrica*, Vol. 47, 1979, 263/291.

的期望收益的条件下,确定性收益比不确定性收益具有更大效用的情况视为"确定效应"(certainty effect);把人们在考虑选择过程中忽视相同部分,着重不同部分所导致的个人投资偏好不一致,称为"隔离效应"(isolation effect)。[1] 另外,贝纳特兹和塔勒(Benartzi and Thaler, 1995)[2]发现,基于财富的预期理论可以解释股票的"溢价之谜"[3]:如果在投资者能经常评估其财富和不断更新其决策点(Reference Point)的情况下,决策点的扭曲可以导致具有更高的相对风险厌恶系数。德邦特、沃纳和塔勒(De Bondt, Werner and Thaler, 1985)[4]认为,过度反应和反应不足(Underreaction and Overreaction)[5]是否定有效市场的主要原因。

对反应不足和反应过度的分析有 BSV 模型(Barberis, Shleifer and Vishny, 1998)[6]、DHS 模型(Daniel, Hirsheifer and Subramanyam, 1998)[7] 和 HS 模型(Hong and Stein, 1999)[8]。BSV 模型认为,人们在投资决策时存在代表性偏差(representative bias) 和保守性偏

---

[1] 确定效应主要由决策效应(reference effect)造成的(参考点指的是人们评价事物时,总要与一定的参照物相比较。在参考点附近,人们的态度最有可能发生变化),隔离效应由价值函数(value function)造成的,价值函数在不同风险水平下,具有不同的风险性质:价值函数在正的增量是凹的,存在负的增量是凸的。即人们在盈利的情况下表现为风险厌恶者,在损失的情况下表现为风险追求者。

[2] Benartzi, S. and R. Thaler, 1995, "Myopic Loss Aversion and the Equity Premium Puzzle", *Quarterly Journal of Economics*, 110: 75-92.

[3] 股票"溢价之谜":梅拉和普雷斯科特(1985)发现,美国股票与国库券有高达约 6% 的收益差异,若要使用家庭消费平滑来解释这种差异,那么家庭的相对风险厌恶系数将远高于正常的水平。

[4] De Bondt, Werner and Richard Thaler, "Does the Stock Market Overreact?", *Journal of Finance*, Vol. 40, 1985, 793/805.

[5] 反应过度是指投资者对新信息过分高估;反应不足是指投资者对市场上的新信息缺乏足够的重视。

[6] Barberis, N., A. Shleifer and R. Vishny, "A Model of Investor Sentiment", *Journal of Financial Economics*, Vol. 49, 1998, 307/345.

[7] Daniel, K., D. Hirshleifer and A. Subrahmanyam, "Investor Psychology and Security Marketunder - and Overreactions", *Journal of Finance*, Vol. 53, 1998, 1839/1885.

[8] Hong, H. and J. Stein, "Unified Theory of Underreaction, Momentum Trading, and Overreactionin Asset Markets?", *Journal of Finance*, Vol. 54, 1999, 2143/2184.

差（conservation bias）。这两种偏差导致了投资者产生了反应过度和反应不足。DHS 模型从对投资者是否拥有信息的角度出发，进行分析。无信息的投资者不存在判断偏差，有信息的投资者存在过度自信和信息的自我有利（self contribution）两种判断偏差。由于价格是由有信息的投资者决定的，过度自信导致了投资者的过度交易；而信息的自我有利则使投资者低估了资产的公开信息。对个人信息的过度反应和对公共信息的反应不足，就会导致资产价格严重的偏离。HS 模型把投资者分为信息消息者和动量交易者，信息消息者仅通过获得的信息进行预测，而不依赖当前或过去的价格进行预测；而动量交易者则正好相反。另外，私人信息在信息消息者中是逐渐扩散的，在上述假设下，该模型认为，在短期内观察信息消息者对私人信息的反应是不足的，这种不足使得动量交易者通过套利使价格过度反应。

　　行为金融理论是在有效市场假说理论的基础上发展起来的，其认为虽然人们具有一定的理性，但人们的行为却可能不一定都是理性的。在金融市场和金融活动当中，传统理论所假设的完全追求效用最大化的理性人和有效市场并不能完全被事实所接受，它放松了理性的约束，尽可能使传统的金融理论具有更好的解释力，能与事实相一致。虽然它在很多方面具有开创性，但不能否认行为金融学是根植于传统金融理论的，它只是对传统金融学的补充。它虽然开拓了金融学的新的研究思路和研究方向，但就总体而言，行为金融理论还没能形成一个系统的理论。

　　以上这些分析中，并没有引入随机分析的方法，认为无风险资产受益率是不变的，卢卡斯（1978）[1] 把随机方法首先应用在具有相同消费者的纯交换经济下的单期资产定价模型中，其得出不管股价是否具有鞅性质的情况下，股票价格本身不能说明市场是否有

---

[1] Lucas Robert, "Asset Prices in an Exchange Economy", *Econometrica*, Vol. 46, 1978, 1429/1445.

效。布里登（1979）[①] 应用随机动态优化的方法得到一个以消费为导向的资本资产定价模型，他得出了一个具有不确定性消费品价格和投资机会的单 β 系数连续时间定价模型，他认为，在组合中，消费和投资是随机的，最后得出因为即期（瞬间）利率无法衡量，组合理论是不可测量的，因此用总消费（包括资本的投资）来衡量就会更可靠。瓦斯塞克（Vasicek，1977）[②] 在处理利率期限中债券价格的表达式时，认为无风险利率是一个韦纳过程，而无风险利率又是债券价格的表现。默顿（Merton，Robert，1973a）[③] 建立了一个多因素动态资本资产定价模型，这个模型可以说是金融动态分析的里程碑。在这个模型中，尽管默顿用阿罗—德布鲁证券作为投资者的财富约束，但是不得不承认，这种阿罗—德布鲁证券可以是一个生产方面的，因此，默顿把以前的局部均衡分析扩展到了一般均衡的分析。由于这种分析可以很好地描述资产的动态过程，所以，它就很自然地用于金融衍生物的分析。

三　金融衍生物

金融学另一个引人入胜的研究领域是金融衍生物，它包括期权定价、债券和利率期限理论等。

最先在期权定价理论突破的是布莱克、肖尔斯（Black and Scholes，1973）[④] 和默顿（1973b）[⑤]，他们提出了布莱克、肖尔斯和默顿模型。由于该模型是对连续时间期权的分析，需要很多的数学知识，因此，由考克斯、罗斯和鲁宾斯坦（Cox, Ross and Rubin-

---

[①] Breeden, T., "An Intertemporal Asset Pricing Model with Stochastic Consumption and Investment Opportunities", *Journal of Financial Economics*, Vol. 7, 1979, 265/296.

[②] Vasicek Oldrich, "An Equilibrium Characterization of the Term Structure", *Journal of Financial Economics*, Vol. 5, 1977, 177/188.

[③] Merton, Robert, "An intertemporal Capital Asset Pricing Model", *Econometrica*, Vol. 41, 1973a, 867/887.

[④] Black, F. and M. Scholes, "The Pricing of Options and Corporate Liabilities", *Journal of Political Economy*, Vol. 81, No. 3 (May–June), 1973, 637/654.

[⑤] Merton, Robert, "Theory of Rational Option Pricing", *Bell Journal of Economics*, Vol. 4 (1), 1973b, 141/183.

stein，1979）[1] 提出了期权二项式定价模型（Binomial Option Pricing Model，BOPM）。后者是对前者的一个简化，把布莱克、肖尔斯和默顿模型的连续时间模型变成了离散时间模型，即当时间间隔很小时，考克斯、罗斯和鲁宾斯坦模型的结果与布莱克、肖尔斯和默顿模型完全一致。考克斯、罗斯和鲁宾斯坦期权的价值会收敛于布莱克、肖尔斯和默顿模型价值。模拟分析也表明，考克斯、罗斯和鲁宾斯坦模型在实际应用中还算是一个不错的模型。

萨缪尔森（Samuelson，1965）[2] 于1965年提出了一个关于股票收益率的方程，这个方程认为，股票收益率既是市场时间的函数，也是一个随机过程的函数。其具体关系如式（1.7）所示：

$$\frac{\mathrm{d}S_t}{S_t} = \mu \mathrm{d}t + \sigma \mathrm{d}W_t \tag{1.7}$$

式中，$\frac{\mathrm{d}S_t}{S_t}$ 表示股票收益率，μ 和 σ 分别表示时间和股票收益率的函数，μ 表示期望回报率，σ 表示每单位时间的瞬态条件下标准差，t 表示到期时间，W_t 表示一个标准几何布朗运动。布莱克、肖尔斯和默顿于1973年分别利用热传导方程和伊藤定理（Itô Lemma）推导出了在市场上不存在套利情况下欧式看涨期权[3]方程：

$$V = SN(d_1) - Ke^{-rT}N(d_2) \tag{1.8}$$

$$N(x) = \frac{1}{2}\int_{-\infty}^{x} e^{-\frac{\alpha^2}{2}} \mathrm{d}\alpha \tag{1.9}$$

$$d_1 = \frac{\ln(S/K) + (\alpha_s + 1/2\sigma^2)T}{\sigma\sqrt{T}}, \quad d_2 = d_1 - \sigma\sqrt{T} \tag{1.10}$$

式中，V 表示看涨期权的价格，S 表示股票价格，T 表示到期时

---

[1] Cox John, Ross Stephen and Rubinstein, M., "Option Pricing: A Simplified Approach", *Journal of Financial Economics*, Vol. 7, 1979, 229/264.

[2] Samuelson, Paul, "Rational Theory of Warrant Pricing", *Industrial Management Review*, Vol. 6, 1965, pp. 13/31. 13 – 31.

[3] 期权主要分为欧式期权和美式期权，欧式期权是指只有在合约到期日才被允许执行的期权，它在大部分场外交易中被采用；美式期权是指可以在成立后有效期内任何一天被执行的期权，多为场内交易所采用。

间，K 表示结算价格，r 表示无风险利率，σ 表示标准差。在实际操作中，我们仅需估计 σ 就可以了，因此可以看出，布莱克、肖尔斯和默顿方程具有较强的应用性，而且对其他种类的期权的分析和估计，布莱克、肖尔斯和默顿模型是它们的基础和基本的分析思路。事实上，该模型的推导是建立在资产定价均衡基础上的，因此，布莱克、肖尔斯和默顿模型是建立在无风险套利基础上的，不管投资者的偏好如何，投资者都是不会放弃任何套利机会。

由于布莱克、肖尔斯和默顿模型的建立需要五个假设[1]，因此，对其模型假设的放松进一步发展了布莱克、肖尔斯和默顿模型，考克斯、罗斯（1976）[2] 和默顿（1976）进一步放松了连续样本路径假设，得出：如果不存在连续样本路径假设，就不存在一个严格的无套利衍生物。另外，默顿考虑了有不同股息支付的情况，得到：对于固定的投资政策和固定的资本结构，期权价格不会因选择不同的支付政策而改变。鲁宾斯坦（1976）[3] 和布伦南（Brennan，1979）[4] 引入了有代表性投资者效用函数，得到了在离散时间交易的布莱克、肖尔斯和默顿解。因为布莱克、肖尔斯和默顿期权模型不依赖投资者的偏好，所以，该模型一定对风险中性的投资者也成立。考克斯、罗斯（1976）利用风险中性和鞅概念，发现在无风险利率水平上，现期价格等于贴现预期股利与资本收益之和。哈里森和克雷普斯（Harrison and Kreps，1979）[5] 进一步改进了这个条件，

---

[1] 它们分别是：（1）无摩擦和连续市场；（2）股票的瞬时收益符合具有连续样本路径（Sample Paths）伊藤随机过程；（3）无风险收益率符合连续样本路径伊藤随机过程（在最初的分析中；其为参数）；（4）个人偏好一阶函数大于零；（5）期权价格是股票价格的两倍连续可微函数。默顿证明条件（5）仅是一个推论。

[2] Cox, John C. and Stephen A. Ross, "The Valuation of Options For Alternative Stochastic Processes", *Journal of Financial Economics*, Vol. 3, 1976, 145/166.

[3] Rubinstein Mark, "The Valuation of Uncertain Income Streams and the Pricing of Options", *Bell Journal of Economics and Management Science*, Vol. 7, 1976, 407/425.

[4] Brennan, M., "The Pricing of Contingent Claims in Discrete Time Models", *Journal of Finance*, Vol. 34, 1979, 53/68.

[5] Harrison, M. and Kreps, D., "Martingales and Arbitrage in Multiperiod Security Markets", *Journal of Economic Theory*, Vol. 20, 1979, 381/408.

并利用鞅方法最后得出：在确定性条件下，套利的消失等价于一个风险中性的概率分布。在风险中性概率下，任何资产的期望收益率等于无风险利率。最后，哈里森与克雷普斯证明：一个无套利均衡体系可以由一个等价鞅测度（equivalent martingale measure）来获得。

期权理论得到了广泛应用，并取得了很大的成功，其不仅应用于金融衍生物市场中，还应用在对实物资产的估价、上市公司股权的激励等方面。

在金融衍生物研究中，另一个重要的方面是债券与利率期限理论的研究。利率期限理论研究的是为什么长期利率和短期利率不一样，而且为什么长期利率高于短期利率的问题。从20世纪80年代至今，关于利率期限结构的新理论层出不穷，1981年，考克斯、英格索尔和罗斯三位美国经济学家在《金融杂志》9月号上发表了题为《对利率期限结构传统理论的重新检讨》一文，成为用总体均衡方法来分析利率期限结构的经典性文献，他们三人于1985年发表在《计量经济学》杂志3月号的两篇论文《资产定价一般均衡模型》和《关于利率期限结构的一种理论》提出了被后人称为CIR模型的利率期限结构理论。在这方面，瓦斯塞克（1977）[1] 模型及考克斯、英格索尔和罗斯（1985）[2] 模型都荻得了很大的成功，其中，瓦斯塞克假设长期即期利率是一个一阶自回归或奥伦斯坦—尤伦贝克（Ornstein - Uhlenbeck）过程，此过程如式（1.11）所示：

$$dr = f(r, t)dt + \rho(r, t)dz \qquad (1.11)$$

式中，$z(t)$表示维纳过程，其增量方差为 dt，$f(r, t)$ 和 $\rho(r, t)$ 分别表示利率 r 的漂移项和方差。设 $f(r, t) = \alpha(\gamma - r)$，$\gamma$ 表示利率的均值，$\rho(r, t) = \sigma$，则式（1.11）变为：

---

[1] Vasicek Oldrich, "An Equilibrium Characterization of the Term Structure", *Journal of Financial Economics*, Vol. 5, 1977, 177/188.

[2] John Cox, Jonathan Ingersoll and Stephen Ross, "A Theory of the Term Structure of Interest Rates", *Econometrica*, Vol. 53, 1985, 385/407.

$$dr = \alpha(\gamma - r)dt + \sigma dz \qquad (1.12)$$

考克斯、英格索尔和罗斯模型中，即期利率如式（1.13）所示：

$$dr = \alpha(\gamma - r)dt + \sigma\sqrt{r}dz \qquad (1.13)$$

该模型是在广义均衡框架下确定的，并将短期利率过程的可变性与自身的利率水平相关联，因而允许利率波动是条件异方差的。广义均衡条件允许利率期限结构及其自身的动力学过程和利率风险市场价格形式是作为均衡的一部分而内生确定的。相反，在瓦斯塞克模型中，为获得模型的解析易处理性，而将此直接施入到模型之中的。

CIR模型认为，在大多数情况下，利率期限结构中包含着正值的期限溢价。根据该模型，期限结构曲线任何一点上收益率的变化都与曲线高一点上收益率的变化完全相关。此外，长期利率收敛于正常利率即前面公式中的平均值，因此，长期利率可以被视为CIR模型期限结构所围绕的核心。调整系数是一项重要的回归参数，它告诉我们，长期利率在何种程度上迅速地向正常利率回归。

考克斯、英格索尔、罗斯把他们的模型扩展到债券以外的其他证券——这些证券的偿付取决于利率，如债券的期权和期货合同。另外，他们探讨了期限结构的多因素模型。更新的CIR模型是两因素的。两因素模型认为，随着时间的推移，短期利率将趋向长期利率水平。与单因素模型描述短期利率，认为短期利率趋向一个平均值不同，两因素模型将利率的变化描述为两种随机过程，即短期利率的随机过程和长期利率的随机过程。在对诸如长期利率期权等相关证券定价时，这种形式很有用处。

四 CIR模型评价

期限结构的CIR模型的优点是它产生于经济中的内在经济变量和总体均衡。因此，它包含风险回避、时间消费偏好、财富限制、导致风险补偿的因素和众多的投资选择。尽管该公式具有众多优点，但是，它太复杂，在估算经济参数、风险参数和进行现实预测方面产生了困难。使用 CIR 模型的研究者试图简化假设,并简化该模型中包括的连续数学计算,可以推导出债券以及其他金融工具的定价公式。

以上是对金融经济学的研究工作做出的简要总结。可以发现,当金融学在其发展初期就没有脱离经济学的基本分析框架,尽管在这个时期所做的分析仍然是经济学中的局部均衡分析,但是,随着研究的深入,一般均衡性的分析逐渐深入到研究中。

第三节 主要结论与不足

本书在动态一般均衡的框架下分析了国际资产定价,并在这个定价基础上得到了在无货币经济中投资者的资产最优配置及三个主要定理:投资收益—风险等价定理、国际基金分离定理("4+S"基金分离定理)和动态利率平价定理。

投资收益—风险等价定理说明,投资者在进行投资决策时,将不会投资于风险很大、收益很小的生产性投资和资产投资中去。其总是在风险大—收益大和风险小—收益小的投资中进行权衡。另外,这个定理还告诉我们,最优投资组合中是不存在风险小—收益大的生产投资和资产投资的,这印证了马科维茨(1952)的思想。

国际基金分离定理说明,国际资本组合可有用"4+S"个基金组成,它们是:(1)一个投资于无风险收益的基金;(2)一个投资于某个实物资产或资本的风险基金;(3)一个投资于有效投资组合的基金;(4)一个投资于汇率的基金;(5)S 个投资于状态的基金。这比封闭条件下的基金分离定理多出一个用于投资与汇率的基金。

动态利率平价定理说明,在各国基准利率是随机的情况下,汇率的调整将不仅取决于各国的基准利率差,还取决于各国实物投资波动、汇率波动的相互影响和累积的实物投资、汇率波动与投资者的财富—状态风险厌恶系数的乘积。这个定理克服了传统的利率平价定理没有考虑经济中随机因素的缺陷，丰富了利率平价定理所包含的内容。

在货币经济分析中，以上三个定理仍旧有效。同时，又得出了货币经济所具有的四个命题。

命题1：货币发行的波动会影响资产名义价格的波动和生产性投资名义收益的波动。货币发行的波动越大，资产名义价格的波动和生产性投资名义收益的波动也越大；反之亦然。

命题2：如果各类投资名义收益的波动小于货币发行的波动，则各类投资的名义收益率小于该投资的实际收益率；如果各类投资名义收益的波动大于货币发行的波动，则无法判断各类投资的名义收益率与实际收益率的差别。

命题3：当货币进入经济中并充当对价值的衡量时，投资者会更倾向于高风险的资产。

命题4：当汇率的波动不改变并且各国货币发行的波动是一致的情况下，投资者会更倾向于国外的投资。

根据所得的这些结论，本书对"风险溢价之谜"和"无风险收益率之谜"给出了一定的理论解释。最后，本书利用递归均衡证明了国际资产价格的存在性和唯一性。

一般均衡分析往往具有某些特有的优势：分析全面、理解深刻、概括性好且具有相当的包容性。但一般均衡分析又往往具有某些缺点。就资产定价的一般均衡来看，实证对它的支持往往是不够的，反而是局部均衡性的分析能给实证提供较好的理论依据。因此，本书也具有这种类似的缺陷，其中：

第一个缺陷是：很难用于实证检验（因此本书用数值模拟来替代实证）。

第二个缺陷是：本书前部分的分析方法是连续时间分析，而在国际资产价格存在性和唯一性的证明中又用到了递归分析——离散时间分析，尽管这不太会影响论文的结论，但这种分析方法的不统一也是本书的一个重要的缺陷。

第三个缺陷是：在第四章的一般均衡分析中，并没有从帕累托最优的角度进行福利分析，这样，与经典的一般均衡分析产生了某种程度的脱节。

第二章 国际资产定价

从第一章的分析可以看出，上面的工作都集中研究一国或一个地区的证券市场中的最优配置，没有考虑到在国际市场上资产的配置。对国际证券市场的资产如何配置所做的研究工作主要有索尔尼克（1974），格尔、利特森伯格和斯特尔（1976），森伯特（1979），斯塔尔兹（1981）等。国际资本资产定价与传统的资本资产定价的不同，主要体现在如何把一国的资产和其他国家的资产进行组合，这样，汇率自然就成为一个重要的考虑因素，而国际资本资产定价主要是考虑汇率变动及其特点是如何影响投资者最优组合的。

索尔尼克首先提出了国际资本资产定价模型（International Capital and Asset Pricing Model，ICAPM），其把夏普的静态资产定价模型中的市场资产组合的预期收益率变为国际市场资产组合的预期收益率。这样就得出了一个国际资本资产定价模型。在这个模型中，投资者利用该国的无风险收益率和一个国际市场的平均无风险收益率来使组合达到最优。在分析的思路上，索尔尼克继承了默顿的思想，因此，对国际资产的定价与需求是需要运用状态来表示的。另外，斯塔尔兹（1981）继承了布里登的分析思路，把对国际资产的定价用总消费来表示，这样，斯塔尔兹模型中的状态不会再出现。索尔尼克与斯塔尔兹工作的差别可以说是默顿的 ICAPM 模型与布里登的 CCAPM 模型国际版的差别。

格尔、利特森伯格和斯特尔的论文认为，汇率变动不仅会影响到资本的配置，还应受到国际商品流动的影响。为了分析资本是如何进行配置的，他们假设存在一个共同的国际证券市场和国际商品市场，投资者在这两个市场中进行选择以使自身效用最大化。布里登、利特森伯格和斯塔尔兹的假设值得推敲，国际商品市场的存在不会很让人产生质疑，但存在一个国际的资本市场的假设让人很难接受，如果存在一个真的国际商品市场，那么各国之间的商品也就通过汇率使之符合"商品的一价率"，但这忽视了资本流动对汇率产生的影响。为了解决这个问题，他们不得不假设存在一个国际的资本市场。且模型无法明确国际市场的无风险收益率的具体含义，模型中的无风险收益率仍旧会受到汇率的影响，如果存在一个国际的资本市场，那么就应该存在一个特定的无风险收益率，而不会出现一个受随机因素影响的无风险收益率。可以看出，该模型的种种不足皆来自作者分割了汇率和国际资本市场的联系。

森伯特巧妙地避免了格劳尔、利特森伯格和斯塔尔的不足，他假设投资者在国家间配置其消费和资产，并假设存在某个"超货币"（token super-currency），财富都是用这个"超货币"表示的，投资者不再局限于"超货币"的名义购买力，而是看重其实际购买力。因此，各国之间的通货膨胀率就会影响资产的配置，这样，风险就不仅仅是来自所配置的资产，还可能来自各国之间的相对通货膨胀率。从森伯特的假设可以看出，即使名义上存在所谓的"无风险收益率"，但在现实中，由于通货膨胀率的不确定性，所谓的"无风险收益率"也是一种有风险的收益率。森伯特又假设各国的通货膨胀率不是彼此独立的，这样，夏普的资本资产定价中的 β 也发生了某种改变。尽管森伯特巧妙地用"超货币"避免了对汇率的分析，但正因为这样，他忽视了汇率是怎样对国际资产选择产生影响的，仅仅简单地认为是各国之间的通货膨胀影响国际资产选择。最后，森伯特缺乏对通货膨胀的深入分析，忽视了通货膨胀中的货币因素，这些货币因素是怎样影响定价的。[1]

从上述文献中可以看出，所谓国际资本资产定价的研究主要集

---

[1] MCAPM 理论方面主要研究货币发行与资产价格的关系。

中在对汇率的研究上，其中，索尔尼克假设国家之间汇率的变化是随机的，其受到许多因素的影响。而森伯特认为是各国通货膨胀水平影响国际资本资产定价的，他用"超货币"来表示国际资本资产定价，这暗示着，国家之间的汇率是固定不变的。而格劳尔、利特森伯格和斯特尔分割了汇率和国际资本市场的联系，简单地认为，汇率仅仅影响国际商品的价格，他们忽视了汇率对国际资本市场的影响。从分析的框架上看，三者都是假设消费者在投资约束的情况下怎样使自身的效用达到最大，但索尔尼克的分析是一种动态均衡的分析，其分析更加接近现实，更加具有说服力。而索尔尼克、利特森伯格和斯特尔的分析暗含着动态跨期的思想，但是，其分析仍旧停留在静态的层面。森伯特的分析就是建立在静态分析的框架下。在下面的分析中，我们将先使用鞅方法对国际资本资产定价模型（ICAPM）的形式做出分析，然后用随机控制把 ICAPM 的分析纳入动态一般均衡分析，在这个分析中，我们将会求解最优的资本资产配置，并得到几个关于 ICAPM 的定理。

第一节　国际资产定价模型的形式：鞅方法证明

根据达菲和赞姆（Duffie and Zame, 1989）的证明，资产的价格等于其未来收益的期望，其具体形式为：

$$P_t = \frac{1}{u_c(e_t, t)} E\left[\int_t^T u_c(e_s, s) \, dD_s \mid I_t \right] \tag{2.1}$$

式中，P_t 表示第 t 期的资产价格；$u_c(e_t, t)$ 表示典型消费者的边际效用；I_t 表示信息集，该信息集是一个鞅过程，该过程的含义为过去所有的信息都会影响到资产的价格；D_s 表示资产的分红；e 表示投资者禀赋。根据式(2.1)，我们可以发现，其实，典型消费者的边际效用 $u_c(e_t, t)$ 就是一个基准价格，而真正对资产价格起决定性作用的是资产的分红。设 δ_T 为资产在第 T 期（该资产的期末）对该资产的持有人进行的一次性分红，则资产的价格可以表示如下：

$$P_t = \frac{1}{u_c(e_t,t)} E\left[\int_t^T u_c(e_s,s)\mathrm{d}Y_s + u_c(e_T,s)\delta_T \mid I_t\right] \quad (2.2)$$

下面我们分析国际资产价格的形式。根据式（2.2），我们可以定义 V_t^d 为第 t 期对国内投资者的分红，V_t^f 为对国外投资者的分红。ex_t 为汇率，该汇率可以理解为一个向量，其含义为各国之间的汇率水平，P_t 为本国的基准价格（这个价格可以理解为本国典型消费者的边际效用），由于考虑到汇率水平，所有该价格不仅可以表示国内的基准价格，并且该价格与汇率的乘积也可以表示国外的基准价格。最后，Y_s 表示对国内投资者的分红过程，Y_t^f 表示对国外投资者的分红过程。这样，该资产的价格过程就可以表示为以下过程：

$$Z_t = \int_0^t P_s \mathrm{d}Y_s + P_t V_t^d + \int_0^t P_s ex \mathrm{d}Y_t^f + P_t ex_t V_t^f$$

由于资产的盈利是一个随机过程，因此，我们可以认为，V_t^d 和 V_t^f 都是伊藤过程，分别满足式（2.3）：

$$\mathrm{d}V_t^d = \mu_{V_t^d}\mathrm{d}t + \sigma_{V_t^d}\mathrm{d}w_t \quad (2.3)$$

$$\mathrm{d}V_t^f = \mu_{V_t^f}\mathrm{d}t + \sigma_{V_t^f}\mathrm{d}w_t \quad (2.4)$$

根据上面的定义，我们可以认为，汇率 ex 也应该是随机的，汇率的动态也满足伊藤过程，其为：

$$\mathrm{d}ex_t = \mu_{ex}\mathrm{d}t + \sigma_{ex}\mathrm{d}w_t \quad (2.5)$$

我们对价格过程 Z_t 求微分，可得：

$$\mathrm{d}Z_t = \{P_t(\mu_y + ex_t\mu_{yf}) + P_t[\mu_{V_t^d} + \mu_{ex}V_t^f + ex_t\mu_{V_t^f} + \sigma_{ex}\sigma_{V_t^f}] + [V_t^d + ex_tV_t^f]\mu_p + \sigma_P[\sigma_{V_t^d} + V_t^f\sigma_{ex} + ex_t\sigma_{V_t^f}]\}\mathrm{d}t + \sigma_{Z_t}\mathrm{d}w_t \quad (2.6)$$

根据无套利原则，价格过程的漂移项为零①，其为：

$$P_t[\mu_y + ex_t\mu_{yf} + \mu_{V_t^d} + \mu_{ex}V_t^f + ex_t\mu_{V_t^f} + \sigma_{ex}\sigma_{V_t^f}] + [V_t^d + ex_tV_t^f]\mu_p$$

---

① 如果价格过程的漂移项不为零，则意味着价格总是会有一定的趋势，因此，套利现象就会发生。如果漂移项为正，则意味着现在买入资产在未来卖出是可以获利的；同理，如果漂移项为负，则对资产的卖空将会获益。

$$+ \sigma_P [\sigma_{V_t^d} + V_t^f \sigma_{ex} + ex_t \sigma_{V_t^f}] = 0 \tag{2.7}$$

其中，$\sigma_P = u_{cc}(e_t, t)\sigma_e$，$-\mu_p/P_t = r_t$。式(2.7)经过变形，则变为：

$$[\mu_y + \mu_{V_t^d} + \mu_{ex}V_t^f + ex_t\mu_{V_t^f} + \sigma_{ex}\sigma_{V_t^f} + ex_t\mu_{yf}] - r_t[V_t^d + ex_t V_t^f]$$

$$= -\frac{u_{cc}(e_t, t)}{u_c(e_t, t)}\sigma_e [\sigma_{V_t^d} + V_t^f \sigma_{ex} + ex_t \sigma_{V_t^f}] \tag{2.8}$$

式中，令 $\dfrac{\mu_y + \mu_{V_t^d}}{V_t^d + ex_t V_t^f} = R_t^d$，$\dfrac{\mu_{ex}V_t^f + ex_t\mu_{V_t^f} + \sigma_{ex}\sigma_{V_t^f} + ex_t\mu_{yf}}{V_t^d + ex_t V_t^f} = R_t^f$，

$R_t^d + R_t^f = R_t$，$\dfrac{\sigma_{V_t^d}}{V_t^d + ex_t V_t^f} = \sigma_R^d$，$\dfrac{V_t^f \sigma_{ex} + ex_t \sigma_{V_t^f}}{V_t^d + ex_t V_t^f} = \sigma_R^f$，则式(2.8)就可以变形为：

$$R_t - r_t = -\frac{u_{cc}(e_t, t)}{u_c(e_t, t)}\sigma_e(\sigma_R^d + \sigma_R^f) \tag{2.9}$$

在式(2.9)中，$R_t - r_t$ 表示资产收益率，$\sigma_e(\sigma_R^d + \sigma_R^f)$ 表示资产风险，$-\dfrac{u_{cc}(e_t, t)}{u_c(e_t, t)}$ 表示典型投资者的绝对风险延误系数，投资者通过这个系数对风险进行衡量。从式(2.9)中可以看出，影响资产风险的不仅会有国内外资产价格本身的风险水平，汇率波动也会影响到资产风险。投资者承受的资产总风险为：国内外资产价格本身的风险之和乘以汇率风险。式（2.9）就是国际资产定价的表示形式，它与默顿（1973）、布里登（1979）的形式很类似。这个资产定价的形式，经过简单的变形，也可以转化为夏普 β 的形式。

第二节 国际资产定价模型的形式：随机控制证明

下面是一个有关国际资产定价的理论，它沿袭了默顿（1969，1971，1973）、索尔尼克（1974）和布里登（1979）基于消费的动

态定价分析思路,并继承了考克斯、莫格索尔和罗斯(1985 a, b)的资产定价的一般均衡思路;主要分析了在开放条件下,传统的 CAPM 理论会发生哪些改变,汇率、无风险收益率是受哪些因素影响的。

默顿(1969;1971;1973)、索尔尼克(1974)和布里登(1979)的工作主要是动态化传统的 CAPM,并尽量使其纳入一般均衡分析中。在他们的工作中,暗含了用阿罗—德布鲁证券收益的变动来代替产出的动态,通过阿罗—德布鲁证券收益变动对财富的动态进行了设定。而在考克斯、莫格索尔和罗斯(1985a)的论文中,则放弃了通过使用阿罗—德布鲁证券来替代产出,他们直接对产出进行了定义,使财富的动态不仅包括阿罗—德布鲁证券收益的动态,还包括产出的动态。本书仍使用考克斯、莫格索尔和罗斯(1985a)对产出的设定,并假设存在国家之间的实物投资和资产投资,且实物投资和资产投资在国家之间的流动不受任何障碍。其中,设国内实物投资的收益动态为:

$$d\eta_t^d = I_\eta \alpha_t^d(Y) dt + I_\eta G_t^d(Y) dw_t \tag{2.10}$$

式中,I_η 表示投资存量,在经济中,存在 n 种生产,因此,I_η 是一个 $n \times n$ 的对角阵;$\alpha_t^d(Y)$ 表示国内投资变动的漂移项,其含义为国内投资变动的均值,其为一个 n 维向量;$G_t^d(Y)$ 表示国内投资变动的扩散项,其含义为国内投资变动的标准差,其为一个 $n \times (n+k)$ 的矩阵;Y 表示状态(State),其表示投资变动所有可以发生的状态,其为一个 k 维向量;dw_t 表示一个 $(n+k)$ 维的维纳过程;dt 表示时间的变动。这个方程其实也等价于确定性拉姆齐模型中的资本转移动态,只不过在确定性情况下,$G_t^d(Y) = 0$,如果在稳态分析中 $\alpha_t^d(Y) = 0$,这将是传统的拉姆齐模型;如果 $\alpha_t^d(Y) > 0$,这将是新增长模型的结论(Lucas, 1988;Romer, 1990)。状态的变化满足式(2.11):

$$dY(t) = n(Y, t) dt + s(Y, t) dw_t \tag{2.11}$$

设国外实物投资的收益动态为:

$$\mathrm{d}\eta_t^f = I_\eta \alpha_t^f(Y)\mathrm{d}t + I_\eta G_t^f(Y)\mathrm{d}w_t \tag{2.12}$$

式中，I_η 表示投资存量；$\alpha_t^f(Y)$ 表示国外投资变动的漂移项；$G_t^f(Y)$ 表示国外投资变动的扩散项；Y、$\mathrm{d}w_t$ 和 $\mathrm{d}t$ 的定义同上。在现实中，由于各国之间存在生产要素流动的障碍，要素收益的均等化并不一定发生，因此，$\alpha_t^d(Y)$ 和 $\alpha_t^f(Y)$、$G_t^d(Y)$ 和 $G_t^f(Y)$ 并不一定相等。国内资产组合的收益动态为：

$$\mathrm{d}F_t^d = (F_t^d\beta^d - \delta_t^d)\mathrm{d}t + F_t^d h_t^d(Y)\mathrm{d}w_t \tag{2.13}$$

式中，F_t^d 表示国内资产的价格，β^d 表示国内资产价格变动的漂移项，其表示国内资产变动的均值；h_t^d 表示国内资产变动的扩散项，其表示国内投资变动的标准差，其可以理解为一个 $1 \times (n+k)$ 维的向量；δ_t^d 表示国内资产的分红；Y、$\mathrm{d}w_t$ 和 $\mathrm{d}t$ 的定义同上。在这里，β^d 是内生的，是可以在模型中得到解释的。国外资产组合的收益动态为：

$$\mathrm{d}F_t^f = (F_t^f\beta^f - \delta_t^f)\mathrm{d}t + F_t^f h_t^f(Y)\mathrm{d}w_t \tag{2.14}$$

式中，F_t^f 表示国外资产的价格；β^f 表示国外资产价格变动的漂移项，其表示国内资产变动的均值；h_t^f 表示国外资产变动的扩散项，其表示国内投资变动的标准差；δ_t^f 表示国外资产的分红；Y、$\mathrm{d}w_t$ 和 $\mathrm{d}t$ 的定义同上。

由于是在开放条件下，各国之间实物投资和资产投资的货币形式通过汇率来体现。资本资产的流动会使汇率沿着某种路径上下波动，因此假设汇率的动态为：

$$\mathrm{d}e_t = \mu_t(Y)\mathrm{d}t + \sigma_t(Y)\mathrm{d}w_t \tag{2.15}$$

式中，e_t 表示国家之间的汇率水平；μ_t 表示汇率变动的漂移项，其表示汇率变动的一条路径；σ_t 表示汇率变动的扩散项，其可表示汇率的波动；Y、$\mathrm{d}w_t$ 和 $\mathrm{d}t$ 的定义同上。相应的国外资产组合的动态和国外实物投资的动态用汇率可以表示为：

$$\mathrm{d}(e_t\eta_t^f) = e_t I_\eta [\alpha_t^f(Y) + \mu_t + \sigma_t G_t^f(Y)]\mathrm{d}t + e_t I_\eta [G_t^f(Y) + \sigma_t]\mathrm{d}w_t \tag{2.16}$$

$$\mathrm{d}(e_t F_t^f) = e_t F_t^f [\beta^f + \mu_t + \sigma_t h_t^f(Y)] \mathrm{d}t + e_t F_t^f [h_t^f(Y) + \sigma_t] \mathrm{d}w_t \tag{2.17}$$

由此可得财富的动态：

$$\begin{aligned}\mathrm{d}W = & \left\{ \sum a_i W(\alpha_t^d - r^d) + \sum b_i W(\beta^d - r^d) + \sum c_i W[\alpha_t^f(Y) \right.\\ & + \mu_t + \sigma_t G_t^f - r^d] + \sum d_i W[\beta^f + \mu_t + \sigma_t h_t^f - r^d] \\ & \left. + r^d W - C_t \right\} \mathrm{d}t + \sum a W G_t^d \mathrm{d}w_t + \sum b_i W h_t^d \mathrm{d}w_t + \sum c_i W \\ & [G_t^f + \sigma_t] \mathrm{d}w_t + \sum d_i W[h_t^f(Y) + \sigma_t] \mathrm{d}w_t \end{aligned} \tag{2.18}$$

式中，a_i、b_i、c_i 和 d_i 分别表示投资者把其财富分配到国内实物投资、国内资产、国外实物投资、国外资产的比例，因此，$aI + bI + cI + dI = I$。r^d 表示投资者所在国的无风险收益率。设上式为：

$$\mathrm{d}W = W U(W) \mathrm{d}t + W \sum_i q_i \mathrm{d}w_t \tag{2.19}$$

Huang（1987）通过鞍点定理证明了典型投资者的效用函数可以表示为：

$$E \int_0^T U[C(s), Y(s), s] \mathrm{d}s \tag{2.20}$$

式中，E 表示在 0—T 期间典型投资者效用的期望；$C(s)$ 表示投资者的消费量，积分的上限表示时间 T，其含义为投资者的预期寿命。定义边界条件为：$J(0, Y, t) = E \int_t^T U[0, Y(s), s] \mathrm{d}s$，且 $J(W, Y, T) = 0$。并令：

$$LJ + U = \varphi \tag{2.21}$$

式中，$LJ = U(W) W J_W + \sum U_i J_Y + \frac{1}{2} J_{WW} \sum q_i^2 + \sum W J_{WY} \sum qs + \frac{1}{2} \sum \sum J_{YY} \sum s_{im} s_{jm}$。

投资者的随机优化一阶条件为：

$$\varphi_C = U_C - J_W = 0$$

$$\varphi_a = (\alpha_t^d - r^d) W J_W + [G_t^d (G_t^d)' a^* + G_t^d (H_t^d)' b^* + G_t^d (G_t^f + \sigma_t)' c^*$$

$$+ G_t^d (H_t^f + \sigma_t)'d^*] W^2 J_{WW} + G_t^d S'WJ_{WY} = 0 \qquad (2.22)$$

$$\varphi_b = (\beta_t^d - r^d) WJ_W + [H_t^d (G_t^d)'a^* + H_t^d (H_t^d)'b^* + H_t^d (G_t^f + \sigma_t)'c^*$$
$$+ H_t^d (H_t^f + \sigma_t)'d^*] W^2 J_{WW} + H_t^d S'WJ_{WY} = 0 \qquad (2.23)$$

$$\varphi_c = [\alpha_t^f + \mu_t + \sigma_t G_t^f - r^d] WJ_W + [(G_t^f + \sigma_t)(G_t^d)'a^* + (G_t^f + \sigma_t)$$
$$(H_t^d)'b^* + (G_t^f + \sigma_t)(G_t^f + \sigma_t)'c^* + (G_t^f + \sigma_t)(H_t^f + \sigma_t)'d^*]$$
$$W^2 J_{WW} + (G_t^f + \sigma_t) S'WJ_{WY} = 0 \qquad (2.24)$$

$$\varphi_d = [\beta_t^f + \mu_t + \sigma_t h_t^f - r^d] WJ_W + [(H_t^f + \sigma_t)(G_t^d)'a^* +$$
$$(H_t^f + \sigma_t)(H_t^d)'b^* + (H_t^f + \sigma_t)(G_t^f + \sigma_t)'c^* +$$
$$(H_t^f + \sigma_t)(H_t^f + \sigma_t)'d^*] W^2 J_{WW} + (H_t^f + \sigma_t) S'WJ_{WY} = 0$$
$$(2.25)$$

经济中投资者还受到以下约束:

$$a'I + c'I = I \qquad (2.26)$$
$$b'I + d'I = 0 \qquad (2.27)$$
$$a'I + b'I = c'I + d'I \qquad (2.28)$$

从一般均衡角度分析,全球范围内证券资产的总供给量为零,因此,经济满足以上两式。另外,为了维持国际收支平衡,经济还需要满足: $a'I + b'I = c'I + d'I$。

一 投资收益—风险等价定理

投资者在最优化其自身福利时,将会使投资收益—风险均等化。或者说,投资行为本身使套利机会丧失。

证明:根据以上一阶条件,可以解得:

$$(\alpha_t^d - r^d)(G_t^f + \sigma_t) M_t = (\alpha_t^f + \mu_t + \sigma_t G_t^f - r^d) G_t^f M_t \qquad (2.29)$$

$$\text{或} \frac{(\alpha_t^d - r^d) I}{[\alpha_t^f(Y) + \mu_t + \sigma_t G_t^f(Y) - r^d] I} = \frac{G_t^f M_t I}{(G_t^f + \sigma_t) M_t I} \qquad (2.29')$$

$$(\alpha_t^d - r^d)(G_t^f + \sigma_t) I = (\alpha_t^f + \mu_t + \sigma_t G_t^f - r^d) G_t^f I \qquad (2.30)$$

$$\text{或}(\alpha_t^d - r^d) H_t^d M_t = G_t^d (\beta_t^d - r^d) M_t \qquad (2.30')$$

$$\frac{(\alpha_t^d - r^d) I}{(\beta_t^d - r^d) I} = \frac{G_t^d M_t I}{H_t^d M_t I} \qquad (2.31)$$

或 $(\alpha_t^d - r^d) H_t^d I = G_t^d (\beta_t^d - r^d) I$ \hfill (2.31′)

或 $(\alpha_t^d - r^d)(H_t^f + \sigma_t) M_t = G_t^f (\beta^f + \mu_t + \sigma_t h_t^f - r^d) M_t$ \hfill (2.32)

或 $\dfrac{(\alpha_t^d - r^d) I}{(\beta^f + \mu_t + \sigma_t h_t^f - r^d) I} = \dfrac{G_t^d M_t I}{(H_t^f + \sigma_t) M_t I}$ \hfill (2.32′)

$(\alpha_t^d - r^d)(H_t^f + \sigma_t) I = G_t^d (\beta^f + \mu_t + \sigma_t h_t^f - r^d) I$ \hfill (2.33)

或 $(\alpha_t^f + \mu_t + \sigma_t G_t^f - r^d)(H_t^f + \sigma_t) M_t = (\beta^f + \mu_t + \sigma_t h_t^f - r^d)(G_t^f + \sigma_t) M_t$ \hfill (2.33′)

$\dfrac{(\alpha_t^f + \mu_t + \sigma_t G_t^f - r^d) I}{(\beta^f + \mu_t + \sigma_t h_t^f - r^d) I} = \dfrac{(G_t^f + \sigma_t) M_t I}{(H_t^f + \sigma_t) M_t I}$ \hfill (2.34)

或 $(\alpha_t^f + \mu_t + \sigma_t G_t^f - r^d)(H_t^f + \sigma_t) I = (\beta^f + \mu_t + \sigma_t h_t^f - r^d)(G_t^f + \sigma_t) I$ \hfill (2.34′)

式中，$(G_t^d)' a^* + (H_t^d)' b^* + (G_t^f + \sigma_t)' c^* + (H_t^f + \sigma_t)' d^* = M_t$。

这个等价定理告诉我们，投资者在进行投资决策时，将不会投资于风险很大、收益很小的生产性投资和资产投资中去。其总是在风险大—收益大和风险小—收益小的投资中进行权衡。另外，这个定理还告诉我们，最优投资组合中是不存在风险小—收益大的生产投资和资产投资的。

从上面各式中可以看出，投资者对国内外实物、资产的投资行为使得投资收益和其面对的相应风险均等化。式（2.29′）中，等号左侧的分母中的 $\sigma_t G_t^f(Y)$ 是一个实数值，可以发现，如果投资者想要获得更高的收益，他将不得不面对更大的风险。[①] 这也印证了马科维茨（1952）的思想："投资者通过对证券预期收益率和收益率的方差进行选择以使自己的效用达到最大。"尤其是投资者在选择国内投资还是国外投资时，他不仅需要考虑国内外投资本身所面对的风险，还需要考虑汇率风险以权衡自身的投资水平。这个定理是金融基本定理（fundamental theorem of finance）的另一种表述方式，也是我们上面为什么用鞅方法证明 ICAPM 的原因。

---

① 其中，各式等号的左侧代表收益，等号的右侧代表风险。

下面我们分析投资者的投资组合，我们用第二个一阶条件和约束来求解投资者的资产配置，则可令：

$$\begin{pmatrix} (\beta_t^d - r^d)WJ_W + H_t^d S'WJ_{WY} \\ -I \\ 0 \\ 0 \end{pmatrix} = M \qquad (2.35)$$

$$\begin{pmatrix} H_t^d(G_t^d)'W^2J_{WW} & H_t^d(H_t^d)'W^2J_{WW} & H_t^d(G_t^f+\sigma_t)'W^2J_{WW} & H_t^d(H_t^f+\sigma_t)'W^2J_{WW} \\ I & 0 & I & 0 \\ 0 & I & 0 & I \\ I' & I & -I & -I \end{pmatrix} = K \qquad (2.36)$$

和 $(a \quad b \quad c \quad d) = E^T$ (2.37)

由一阶条件和约束条件，上式可简写为：$M + KE = 0$。另外，可以看出，K 是可逆的，所以可得：$E = -K^{-1}M$。① 解得投资者的组合分别为：

$$a^* = -\frac{\{H_t^d K_t\}^{-1}}{W^2 J_{WW}}\Omega_t - \frac{(K_t)^{-1}[(H_t^d)' + 2(G_t^f+\sigma_t)' - (H_t^f+\sigma_t)']}{2} \qquad (2.38)$$

$$b^* = \frac{\{H_t^d K_t\}^{-1}}{W^2 J_{WW}}\Omega_t + \frac{(K_t)^{-1}[G_t^d + (G_t^f+\sigma_t)']}{2} \qquad (2.39)$$

$$c^* = \frac{\{H_t^d K_t\}^{-1}}{W^2 J_{WW}}\Omega_t + \frac{(K_t)^{-1}[2G_t^d - (H_t^d)' + (H_t^f+\sigma_t)']}{2} \qquad (2.40)$$

$$d^* = -\frac{\{H_t^d K_t\}^{-1}}{W^2 J_{WW}}\Omega_t - \frac{(K_t)^{-1}[G_t^d + (G_t^f+\sigma_t)']}{2} \qquad (2.41)$$

式中，$(G_t^d)' - (H_t^d)' - (G_t^f)' + (H_t^f)' = K_t$，$(\beta_t^d - r^d)WJ_W + H_t^d S'WJ_{WY} = \Omega_t$。

以前的一些有关动态定价的结论也可以用上面的解进行说明，

---

① 具体计算参见本章附录 I。

如在默顿（1973）无生产、封闭的资产定价理论中，资产配置为：

$$b^* = -\frac{(\beta_t^d - r^d)}{H_t^d(H_t^d)'}\frac{J_W}{WJ_{WW}} - \frac{S'J_{WY}}{(H_t^d)'WJ_{WW}} \tag{2.42}$$

从式（2.42）可以看出，如果在各国之间的实物投资、资本投资和状态 Y 是彼此独立的情况下，默顿模型是本模型的一个特例。因为上式中等号右侧的第二项分子分母同乘以 H_t^d，可得出其值为零。另外，还可以看出，国外的实物投资波动越大，资本价格的波动越小；国内的资本价格的波动越大，国内实物投资的波动越小，则投资者越倾向于投资国外。另外，还可以看出投资者对分析的权衡，如果投资者在国外的资产投资面临较大的风险［即 $H_t^d(H_t^f)'$ 较大］时，其将增加国内的资产投入；如果投资者在面对国内实物投资较大的风险［即 $H_t^d(G_t^d)'$ 较大］时，也将导致投资者增加国内的资产投入。另外，如果投资者在面对较高的国外资产投资风险［即 $H_t^d(G_t^f)'$ 较大］时，也将导致投资者增加国内的资产投入［这是因为国内、国外的资产投资往往是负相关的，即 $H_t^d(G_t^f)'$ 为负］。

如果不考虑实物投资，则 H_t^d 与 $(G_t^d)'$、$(G_t^f)'$ 没有相关性，最优资产组合为：

$$d^* = -\frac{[(\beta_t^d - r^d)WJ_W + H_t^dS'WJ_{WY}]}{H_t^d[(H_t^f)' - (H_t^d)']W^2J_{WW}} - \frac{H_t^d(\sigma_t)'}{2H_t^d[(H_t^f)' - (H_t^d)']} \tag{2.43}$$

上式即为索尔尼克（1974）的资产最优组合。如果把默顿（1973）的 b^* 中的 S' 定义为零，并进行转换，可为：

$$\frac{\beta_t^d - r^d}{\beta_t^f - r^f} = \frac{H_t^d(H_t^d)'}{H_t^f(H_t^f)'} \tag{2.44}$$

上式即为 Grauer、Litzenberger 和 Stehle（1976）的结论。

我们定义 $H_t^d[(G_t^d)' - (H_t^d)' - (G_t^f)' + (H_t^f)']$ 是投资者在投资时面临的投资风险，$H_t^d[(H_t^d)' + 2(G_t^f)' - (H_t^f)' + \sigma_t']$ 是投资者面对的汇率风险。我们可以看出，这个风险对国内资产投资将产生不同的影响。

情况1：如果投资者面对的投资风险为负即 $H_t^d[(G_t^d)' - (H_t^d)' - (G_t^f)' + (H_t^f)']$ 的协方差是一个负值，且投资者面对的汇率风险为负即 $H_t^d[(H_t^d)' + 2(G_t^f)' - (H_t^f)' + \sigma_t']$ 的协方差是一个负值时，投资者会提高其国内资产的投资水平。

情况2：如果投资者面对的投资风险为负即 $H_t^d[(G_t^d)' - (H_t^d)' - (G_t^f)' + (H_t^f)']$ 的协方差是一个负值①，且投资者面对的汇率风险为正即 $H_t^d[(H_t^d)' + 2(G_t^f)' - (H_t^f)' + \sigma_t']$ 的协方差是一个正值时，投资者会降低其国内资产的投资水平。

情况3：如果投资者面对的投资风险为正即 $H_t^d[(G_t^d)' - (H_t^d)' - (G_t^f)' + (H_t^f)']$ 的协方差是一个正值②，且投资者面对的汇率风险为负即 $H_t^d[(H_t^d)' + 2(G_t^f)' - (H_t^f)' + \sigma_t']$ 的协方差是一个负值时，投资者会降低其国内资产的投资水平。

情况4：如果投资者面对的投资风险为正即 $H_t^d[(G_t^d)' - (H_t^d)' - (G_t^f)' + (H_t^f)']$ 的协方差是一个正值，且投资者面对的汇率风险为正即 $H_t^d[(H_t^d)' + 2(G_t^f)' - (H_t^f)' + \sigma_t']$ 的协方差是一个正值时，投资者会提高其国内资产的投资水平。

另外，我们还可以看出，投资风险和汇率风险负相关的可能性远远超过了正相关的可能性，这是因为，协方差 $H_t^d[(G_t^d)' - (H_t^d)' - (G_t^f)' + (H_t^f)']$ 的值很可能为负，协方差 $H_t^d[(H_t^d)' + 2(G_t^f)' - (H_t^f)']$ 很可能为正，到底投资风险和汇率风险的相关性怎样确定，汇率波动与国内投资波动的协方差将起到重要的作用。

二 国际基金分离定理（"4＋S"基金分离定理）

国际资本组合可有以下"4＋S"个基金组成：一是一个投资于

---

① 协方差为负的情况暗示着：如果是在开放条件下进行资产配置，投资者所面临的风险水平会降低。另外，在这里，我们没有限定投资组合的正负号，如果在某个资产上的配置为正，则说明投资者会拥有这个资产；如果在某个资产上的配置为负，则说明投资者会买空这个资产。

② 同理，如果协方差为正的情况暗示着：如果是在开放条件下进行资产配置，投资者所面临的风险水平将会升高。

无风险收益的基金;二是一个投资于某个实物资产或资本的风险基金;三是一个投资于有效投资组合的基金;四是一个投资于汇率的基金;五是 S 个投资于状态的基金。

证明:由

$$b^* = \frac{\{H_t^d[(G_t^d)' - (H_t^d)' - (G_t^f)' + (H_t^f)']\}^{-1}}{W^2 J_{WW}}[(\beta_t^d - r^d)WJ_W + H_t^d S' W J_{WY}] +$$

$$\frac{\{H_t^d[(G_t^d)' - (H_t^d)' - (G_t^f)' + (H_t^f)']\}^{-1}[(H_t^d)' + 2(G_t^f + \sigma_t)' - (H_t^f + \sigma_t)']}{2}$$

令 $-H_t^d[(G_t^d)' - (H_t^d)' - (G_t^f)' + (H_t^f)'] = M^\sigma$,$M^\sigma$,可以理解为市场波动,则:

$$b^* = -\frac{(\beta_t^d - r^d)J_W}{M^\sigma W J_{WW}} - \frac{2H_t^d S' J_{WY} + H_t^d[(H_t^d)' + 2(G_t^f)' - (H_t^f)' + (\sigma_t)']}{2M^\sigma W J_{WW}}$$

(2.45)

可以看出,$\frac{(\beta_t^d - r^d)J_W}{M^\sigma W J_{WW}}$ 部分可以由三个基金组合而成,这三个基金不用考虑汇率问题,仅仅考虑无风险资产、风险资产投资(实物投资或)和有效投资组合。剩下的"$S+1$"个基金用来组合状态和汇率波动。

在均衡时,作为资产价格的利率也会是一个均衡值,这个利率水平在这个理论中将是一个动态过程。在每个时点,我们都可得一个利率水平。下面是动态利率平价定理:

三 动态利率平价定理

杜利和艾萨德(1983)、胡珀和默顿(1982)通过实证检验发现:现实中,利率平价定理很难成立,汇率波动不仅取决于两国之间的利率差,而且还与一些随机因素有关。但是,他们并没有给出具体的表述,这个定理将会对他们的工作给出一种理论上的解释。

在各国基准利率是随机的情况下,汇率的调整将不仅取决于各国的基准利率差,还取决于各国实物投资波动、汇率波动的相互影响(即它们之间的协方差)和累积的实物投资、汇率波动与投资者的财富—状态风险厌恶系数的乘积。

证明：由一阶条件可得：

$$\varphi_a = (\alpha_t^d - r^d)WJ_W + [G_t^d(G_t^d)'a^* + G_t^d(H_t^d)'b^* + G_t^d(G_t^f + \sigma_t)'c^*$$
$$+ G_t^d(H_t^f + \sigma_t)'d^*]W^2 J_{WW} + G_t^d S' W J_{WY} = 0$$

$$\Rightarrow r^d = \alpha_t^d + G_t^d se(W) W \frac{J_{WW}}{J_W} + G_t^d se(Y) \frac{J_{WY}}{J_W} \quad (2.46)$$

同理可得：

$$\varphi_c = [\alpha_t^f + \mu_t + \sigma_t G_t^f - r^d]WJ_W + [(G_t^f + \sigma_t)(G_t^d)'a^* + (G_t^f + \sigma_t)(H_t^d)'b^* + (G_t^f + \sigma_t)(G_t^f + \sigma_t)'c^* + (G_t^f + \sigma_t)(H_t^f + \sigma_t)'d^*]W^2 J_{WW} + (G_t^f + \sigma_t) S' W J_{WY} = 0 \quad (2.47)$$

可得：

$$r^d = (\alpha_t^f + \mu_t + \sigma_t G_t^f) + (G_t^f + \sigma_t)\left[se(W)\frac{WJ_{WW}}{J_W} + se(Y)\frac{J_{WY}}{J_W}\right]$$

$$(2.48)$$

令 $\left[se(W)\frac{WJ_{WW}}{J_W} + se(Y)\frac{J_{WY}}{J_W}\right] = M$，则上式变为：

$$r^d = \alpha_t^d + G_t^d M \quad (2.49)$$

$$r^d = (\alpha_t^f + \mu_t + \sigma_t G_t^f) + (G_t^f + \sigma_t)M \quad (2.50)$$

联立上面两式，可得：

$$\alpha_t^d - \alpha_t^f = \mu_t + \sigma_t G_t^f + (G_t^f + \sigma_t - G_t^d)M \quad (2.51)$$

另外，由 $\varphi_c = U_c - J_W = 0$，则 $\frac{\partial C}{\partial W} U_{CC} = J_{WW}$，$\frac{\partial C}{\partial Y} U_{CC} = J_{WY}$，因此，定义 M 为投资者的财富—状态风险厌恶系数。

对此，令 α_t^d 表示国内的基准利率，α_t^f 表示国外的基准利率，可见，汇率的变化趋势（μ_t）不仅取决于各国的基准利率差，还取决于各国实物投资波动、汇率波动的相互影响（即它们之间的协方差 $\sigma_t G_t^f$）和累积的实物投资、汇率波动（$G_t^f + \sigma_t - G_t^d$）与投资者的财富—状态风险厌恶系数（M）的乘积。

这个动态利率平价定理也可叫作"有风险溢价（升水）的利率

平价定理"（interest rate parity with risk premium）。

四 一个例子

下面通过这个例子来介绍上面的定理是如何应用的。由于上面的分析是建立在典型投资的最优选择上的，因此，需要确定典型投资者的效用函数，在上面的分析中，出现了$\frac{WJ_{WW}}{J_W}$，这是典型投资者的相对风险厌恶系数，为了方便分析，我们希望相对风险厌恶系数是个常数，因此选用 CRRA 型的效用函数。

由投资者的最优投资配置：

$$a^* = -\frac{\{H_t^d K_t\}^{-1}}{W^2 J_{WW}}\Omega_t - \frac{(K_t I)^{-1}[(H_t^d)' + 2(G_t^f + \sigma_t)' - (H_t^f + \sigma_t)']}{2}$$

$$b^* = \frac{\{H_t^d K_t\}^{-1}}{W^2 J_{WW}}\Omega_t + \frac{(K_t I)^{-1}[G_t^d + (G_t^f + \sigma_t)']}{2}$$

$$c^* = \frac{\{H_t^d K_t\}^{-1}}{W^2 J_{WW}}\Omega_t + \frac{(K_t I)^{-1}[2G_t^d - (H_t^d)' + (H_t^f + \sigma_t)']}{2}$$

$$d^* = -\frac{\{H_t^d K_t\}^{-1}}{W^2 J_{WW}}\Omega_t - \frac{(K_t I)^{-1}[G_t^d + (G_t^f + \sigma_t)']}{2}$$

式中，$[(G_t^d)' - (H_t^d)' - (G_t^f)' + (H_t^f)']I = K_t$，$(\beta_t^d - r^d)WJ_W + H_t^d S'WJ_{WY} = \Omega_t$，令 $H_t^d S'WJ_{WY} = 0$

$$dW = \left\{\sum a_i W(\alpha_t^d - r^d) + \sum b_i W(\beta^d - r^d) + \sum c_i W[\alpha_t^f(Y)\right.$$
$$+ \mu_t + \sigma_t G_t^f - r^d] + \sum d_i W[\beta^f + \mu_t + \sigma_t h_t^f - r^d]$$
$$\left. + r^d W - C_t\right\}dt + \sum aWG_t^d dw_t + \sum b_i Wh_t^d dw_t + \sum c_i W$$
$$[G_t^f + \sigma_t]dw_t + \sum d_i W[h_t^f(Y) + \sigma_t]dw_t$$

在进行数值模拟时，我们需要投资者的相对风险厌恶系数，对于相对风险厌恶系数大小的确认，可以参考表 2-1。在进行数值模拟时，我们把相对风险厌恶系数的大小设为 2。

科克伦和汉森（Cochrane and Hansen，1992）用卢卡斯（1978）的 IMRS、梅拉和普雷斯科特（1985）通过效用函数中的 CRRA 来解

表 2-1　　　　　　　　相对风险厌恶系数

来源	值
阿罗（1971）	1
Friend 和 Blume（1975）	2
Kydland 和 Prescott（1982）	0.5
汉森和辛格尔顿（1982，1984）	0—1
Morin 和 Suarez（1983）	0.02—0.65
梅拉和普雷斯利特（1985）	55
Kocherlakota（1990）	0.5—10.5
Epstein 和 Zin（1991）	0.4—1.4
Ferson 和 Constantinides（1991）	0—12
科克伦和汉森（1992）	40—50
Jorion 和 Giovannini（1993）	5.4—11.9
Normandin 和 St-Amour（1998）	<3
Cecchetti、Lam 和 Mark（2000）	0—8.3
Ait-Sahalia 和 Lo（2000）	12.7
Guo 和 Whitelaw（2001）	3.52
Bliss 和 Panigirtzoglou（2004）	2—10

释风险溢价，使 CRRA 承受很高的风险溢价，这样就会使 CRRA 很高。

在数值模拟分析中，我们假设存在国内的实物投资、资产投资和国际的实物投资、资产投资，典型投资者的投资行为是为了自身的财富最大化，且投资者的投资行为不会受到任何的约束，即能够自由地在国内外进行投资。投资者对国外资产的选择，不但需要考虑国外实物、风险资产的收益和风险，而且还会考虑到汇率波动。我们的数值模拟将模拟 10000 次。根据表 2-1 的结论，并考虑到实际数值分析的需要，我们设定的相对风险厌恶系数为 2；无风险资产收益率为 0.00008；国内实物投资的收益率为 0.0008，国外实物投资的收益率为 0.0018，国内资产投资的收益率为 0.002，国外资产的收益率为 0.003，汇率波动的均值为 0；国内实物投资波动的标准差为0.03,国外实物投资波动的标准差为0.06,国内资产波动的标准差为0.08,国外资产波动的标准差为0.05,汇率波动的标准差为0.005。从上面我们设定的模拟值可以看出,实物投资的收益率都比风险资产的收益率要低,但同时实物投资的风险要比风险资产的风险水平要低。另外,为了观察投资者是怎样对风险—收益进行权衡的,所以,我们设定国内资产的收益率小于国外资产的收益率,且国内资产的风险水平要高于国外资产的风险水平。经过数值模拟,我们可以得到的结果如图2-1所示。(具体计算程序参考附录)

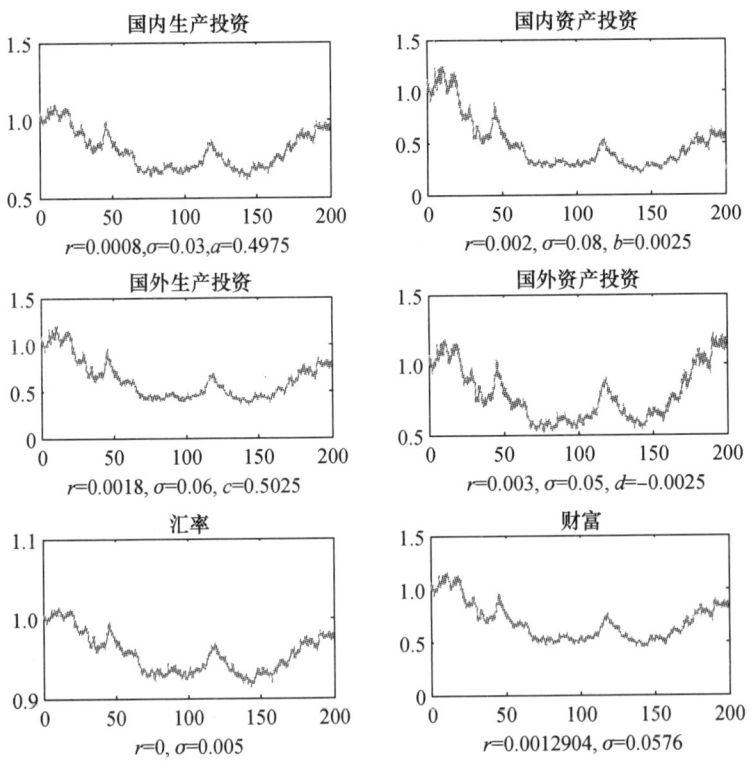

图2-1 资产选择是最优时,国内外资产投资收益率、国内外生产投资收益率、汇率变化和财富变化

从图 2-1 的结果，我们可以看出，在最优财富分配后，这个投资者的财富收益率为 0.00129，这个财富的收益率是小于风险资产的收益率，高于实物投资的收益率。另外，还可以看出，投资者财富的波动为 0.0576，财富的波动比风险资产的波动要小，比实物投资的波动要大，这正是这个理性投资者组合自身投资的结果。计算可得：国内实物资产的投资比重为 49.75%，国外实物投资的比重为 50.25%。另外，这个投资者需要在国外的资本市场中卖空 0.25% 的资产，并把这 0.25% 的资产用于国内的风险资产投资。这个结果可能会出乎意料。因为国内实物投资和资产投资的收益率不仅要低于国外实物投资和资产投资的收益率，而且国内实物投资和资产投资的风险水平也要高于国外实物投资和资产投资的风险水平，但国内外资产的配置怎么会出现上面的结论，这个不难解释。这主要是由汇率导致的，由于以本币计算的外国实物投资和风险资产需要用汇率进行转换，由于汇率也存在波动，这样，就使国外实物投资和风险资产的实际风险水平变高，以上结果正是由于汇率的波动，使得投资者尽管国内实物投资、资产投资的收益—风险水平不如国外的收益—风险水平，但是，投资者也不会减少国内实物投资和资产的配置。

附录 I　Matlab 程序

syms a11 a12 a13 a14
K = [a11,a12,a13,a14;1,0,1,0;0,1,0,1;1,1,-1,-1]
IA = inv(K)
syms m1;
M = [m1,-1,0,0]'
syms a b c d
E = [a,b,c,d]'
G = -inv(K)*M

输出结果:

-1/(a11-a12-a13+a14)*conj(m1)-1/2*(a12+2*a13-a14)/(a11-a12-a13+a14)1/(a11-a12-a13+a14)*conj(m1)+1/2*(a11+a13)/(a11-a12-a13+a14)

1/(a11-a12-a13+a14)*conj(m1)+1/2*(2*a11-a12+a14)/(a11-a12-a13+a14)-1/(a11-a12-a13+a14)*conj(m1)-1/2*(a11+a13)/(a11-a12-a13+a14)

附录 II　资产选择是最优时,国内外实物投资收益率、国内外资产投资收益率、汇率变化、财富变化程序

% using the same Wiener process W for each
% w   wealth growth rate
% sigmaw wealth volatility rate
N = 10000;
T = 200;
t = (0:1:N)'/N;   % t is the column vector [0 1/N 2/N...1]

W = [0;cumsum(randn(N,1))]/sqrt(N);% S is running sum of N(0, 1/N) variables

t = t * T;

W = W * sqrt(T);

dp = 0.0008;   % domestic production investment growth rate

fp = 0.0018;   % foreign production investment growth rate

da = 0.002;   % domestic asset investment growth rate

fa = 0.003;   % foreign asset investment growth rate

e = 0;   % exchange rate growth rate

sigmadp = 0.05;   % domestic production volatility rate

sigmafp = 0.06;   % foreign production t volatility rate

sigmada = 0.08;   % domestic asset volatility rate

sigmafa = 0.05;   % foreign asset volatility rate

sigmae = 0.0005;   % exchange rate volatility rate

r = 0.00008;   % riskless asset return rate

sigmae = 0.005;   % exchange rate volatility rate

r = 0.00008;   % riskless asset return rate

q = -2;   % relative risk aversion coefficient

%a;   % proportion of wealth invested in domestic production

%b;   % proportion of wealth invested in foreign production

%c;   % proportion of wealth invested in domestic asset

%d;   % proportion of wealth invested in foreign asset

K = sigmadp - sigmada - sigmafp + sigmafa

Omega = dp - r

a = -(Omega * q)/(sigmadp * K) - ((sigmada + 2 * (sigmafp + sigmae)) - (sigmafa + sigmae))/(2 * K)

b = (Omega * q)/(sigmadp * K) + (sigmadp + (sigmafp + sigmae))/(2 * K)

c = (Omega * q)/(sigmadp * K) + (2 * sigmadp + (sigmafa + sigmae) - sigmada)/(2 * K) d = -(Omega * q)/(sigmadp * K) - (sigmadp + (sigmafp + sigmae))/(2 * K)

w = a * (dp - r) + b * (da - r) + c * (fp + e + sigmae * sigmafp - r) + d * (fa + e + sigmae * sigmafa - r) - r

sigmaw = a * sigmadp + b * sigmada + c * (sigmafp + sigmae) + d * (sigmafa + sigmae)

ex = e + sigmae * sigmafp + (sigmafp + sigmae - sigmdp) * std(w) * q

R = [dp da fp fa e w];

Alpha = [sigmadp sigmada sigmafp sigmafa sigmae sigmaw];

clf

for k = 1:6,

r = R(k);

alpha = Alpha(k);

subplot(3,2,k)

Y = (r - (alpha^2)/2) * t + alpha * W;

X = exp(Y);

plot(t,X);   % plot the path

hold on

subplot(3,2,1);

title('domestic production investment');

xlabel(['r =' num2str(dp)', \sigma =' num2str(sigmadp)])

subplot(3,2,2);

title('domestic asset investment');

xlabel(['r =' num2str(da)', \sigma =' num2str(sigmada)])

subplot(3,2,3);

title('foreign production investment');

xlabel(['r =' num2str(fp)', \sigma =' num2str(sigmafp)])

subplot(3,2,4);

title('foreign asset investment');

```
xlabel(['r = 'num2str(fa)',\sigma = 'num2str(sigmafa)])
subplot(3,2,5);
title('exchange rate');
xlabel(['r = 'num2str(e)',\sigma = 'num2str(sigmae)])
subplot(3,2,6);
title('wealth');
xlabel(['r = 'num2str(w)',\sigma = 'num2str(sigmaw)])
end
```

第三章　带有货币的国际资产定价

很早以前,经济学家就认为,在实际资产的定价中,通货膨胀率往往仅会影响到资产的名义价格,而不会是影响到资产价格的实际值,资产价格的实际值往往就是从名义值中减去通胀率。由于股权投资是投资于实物资本上的,因此,从理论上分析,这种股权投资在一定程度上可以规避通货膨胀。但是,在以后的实证中,Reuben(1956)、Zvi Bodie(1976)、法玛和施瓦特(Fama and Schwert,1977)、Modigliani 和 Cohn(1979)等人发现通货膨胀或多或少地会影响到资产的实际价格,Modigliani 和 Cohn(1979)认为,这可能是由货币幻觉(money illusion)引起的。但是,在以后的研究中,有学者如康奈尔(Cornell,1983)、麦克唐纳和托伦斯(MacDonald and Torrance,1987)、Boudoukh 和 Richardson(1993)发现,这种资产定价的货币幻觉现象仅是一个短期效应,从长期看,通货膨胀率影响的仅仅是资产的名义值,通货膨胀不会对资产的实际值产生什么影响。另外,Campbell 和 Vuolteenaho(2004)认为,即使货币幻觉现象存在,但中央银行以价格稳定为目标的货币政策会减少由货币幻觉引起的资产不正确定价(mispricing)。

把通货膨胀引入 CAPM 的工作时间可以追溯到 20 世纪 70 年代,主要有 Friend、Landskroner 和 Losq(1976)、Chen 和 Boness(1975),他们都认为,由于通货膨胀率是随机的,这样,即使名义无风险收益率是确定的,实际无风险收益率也将是随机的,因此,在经典的 CAPM 中,将不会再出现无风险的资产了,经典 CAPM 中的 β 值将会受到来自通货膨胀的影响。资产收益率与通货膨胀率的协方差、市场收益率与通货膨胀率的协方差将同时影响 β 的分子与分母。他们得出资产的实际收益率与名义收益率、通货膨胀率、通货膨胀率与名义收益率的协方差有关。

卢卡斯和斯多基（Lucas and Stokey, 1987）使用了新的分析思路（现金先行模型——Cash in Advance Model）最先从理论层面上分析了这一现象。他们分析了货币发行是怎样对资本价格造成影响的，而不是仅仅局限在对 β 的讨论上。在他们的分析框架中，使用"树"①的分析思路，消费者的财富用阿罗—德布鲁证券代替。另外，货币发行速度是外生给定的。由于资产的实际价格是由消费者的跨期边际替代率决定的（IMRS），因此可以得出，货币发行的多少仅仅影响到资产的名义价格而不会影响到资产的实际价格。由于该模型中引进了货币，而货币发行速度会影响到资产的名义定价，因此，学者们把这种带有货币的资产定价分析框架叫作基于货币的资本资产定价(M – CAPM)。其他基于这个框架的研究主要有科尔曼、克里斯蒂安、克勒斯和拉巴迪（Coleman, Christian Gilles and Labadi, 1992），他们的工作主要是当改变消费者财富约束时均衡的情况，但这种改变并不会影响消费者的跨期边际替代率，这样资产的实际价格也不会受到货币发行的影响。这些学者工作的一个非常重要的结论，就是货币的发行仅仅影响资产的名义价格而不是实际价格。在实证中，辛格尔顿（1985），Finn、Hoffman 和 Schlagenhauf（1990）用 M1 作为经济中的货币，Chan、Foresi 和 Lang（1996）用 M2（或 M3）减去现金作为经济中的货币，他们都发现，货币先行模型对资产价格的解释性都好于基于消费的资产定价的解释。

由于在经验分析中跨期消费往往是平滑的，因此，用消费对 IMRS 的实证对现实的解释力很弱，尤其是平滑的消费无法很好地解释资产价格的剧烈波动。另外，由于辛格尔顿等用货币量取代消

---

① 卢卡斯认为，产出就像是树上结的果子，其产量是随机的，而且果子还需要当期消费掉。

费进行的实证取得了一定的成功,于是,亨宁(Henning,1991)在卢卡斯和斯多基的现金先行约束中引入了货币需求方程。亨宁认为,货币需求是名义利率、市场价格和货币消费的函数。在他的模型中,现金先行模型中的实物消费变成了货币消费,这样,在经验分析中,对实物消费的测算就转化为对经济中货币的测算。由于货币需求比消费更加不平滑,因此,用这种方法测算出来的资产价格的风险溢价要比基于消费测算出来的风险溢价要低。虽然在实证中使用货币发行量取代消费可以较好地解释资产的波动性,但是,由于真实货币数量很难测算,因此,亨宁就简单地认为,真实货币数量是未来消费与利率的乘积。这样,亨宁就在以前用 IMRS 表示的资产价格公式中加入了利率因素,用利率来尽可能地表示资产价格的波动。

在现金先行框架下的工作还有 Bakshi 和 Chen(1996),他们的分析与卢卡斯、斯多基的工作略有不同,虽然两者都是对资产价格进行动态分析,但是,卢卡斯和斯多基(1987)是建立在时间是离散的条件下,Bakshi 和 Chen 在他们的工作中则把离散的时间进行了连续化处理。另一点不同的是,Bakshi 和 Chen 认为,货币发行量是随机的,虽然在卢卡斯和斯多基的工作中,也可以把货币发行量视为随机的,但是,需要对货币发行量预先设定货币发行的速度,而 Bakshi 和 Chen 则不需要这种预先的设定,仅仅假设货币发行符合伊藤过程。由于该模型的预算约束仍然是货币先行的预算约束,因此,他们得出的资产的名义价格和、实际价格与卢卡斯和斯多基得出的资产名义价格和实际价格是一致的。

另外,Holmström 和 Tirole(2001)从公司金融角度对资产价格进行分析。他们认为,不仅是消费者会对资产进行选择,公司也会对资产进行选择,而公司对资产进行的选择是为了自身的流动性。这样,在约束中,他们把货币是如何影响资产定价的问题转换成为流动性是如何影响资产价格的问题,其中,在他们构造的约束顺序(timing)中,加入了委托—代理条件。最后他们发现,如果增加流动性，会使对公司流动性有良好保障的资产价格下降（如债券）；对公司流动性没有良好保障的资产价格上升（如股票）。由于他们使用了流动性作为公司追求的目标，因此，他们把这个分析框架叫作基于流动性的资产定价模型（Liquidity – based Asset Pricing Model，LAPM）。他们的结论支持了前人的观点：通货膨胀率往往仅会影响到资产的名义价格，而不会影响到资产价格的实际价格。因为他们的约束仍基于现金先行约束，他们得到的定价核仍然为 IMRS，只不过这种 IMRS 变为公司对流动性资产的 IMRS。LAPM 把来自消费方面对货币的需求扩展到了生产方面，使货币先行约束得到了更广泛的应用。另外，Holmström 和 Tirole 的工作在某种程度上与亨宁的工作非常近似，两者的约束条件都是现金先行约束；在目标函数设定方面，亨宁设定目标函数是消费者所关心的真实货币量，Holmström 和 Tirole 设定的目标函数是公司所关心的流动性，由于货币有非常好的流动性，因此，可以近似地认为，亨宁工作中消费者同样也关心流动性，这样两者基本的分析思路是一致的。但是，我们可以发现，不管货币先行约束条件是在消费者对货币的需求方面，还是在生产者对货币的需求方面，这个条件都将保障货币发行只会影响到资产的名义价格，而不会是资产的实际价格，这是由于货币发行不会进入到生产函数中，因此，卢卡斯"树"所结的果实不会受到来自货币发行的影响，这样，货币发行对总产出的标价只能影响到总产出的名义值。

综上所述，在理论上，往往是把通货膨胀视为一个纯粹的货币现象，也就是说，货币发行量的多少只会影响到资产的名义价格而不是实际价格。由于在现实中，货币发行量是随机的。[1] 这样，有些学者就针对随机发行的货币是怎样影响资产名义价格展开研究，这其中有 Brennan 和 Xia（2002），Brennan、Wang 和 Xia（2004），

---

[1] 货币发行的随机假设并不是指货币发行是混乱的，而是指货币发行并不是按照某个明确的公式进行非常准确的发行，其发行总是受到许多因素的影响，这些因素将导致货币发行是随机的。

Liu（2007）等，在 Brennan 和 Xia（2002）的工作中，他们并不认为，通货膨胀总是按照某个速度持续下去，这一点与 Bakshi 和 Chen 对通货膨胀的假设是不同的①，而在 Brennan 和 Xia 的工作中，他们认为，通货膨胀率符合均值回复过程（Mean Reverting Process），即通货膨胀的速度并不是按照某个特定的速度运行的。可以看出，Brennan 和 Xia 对通货膨胀的假设比 Bakshi 和 Chen 对通货膨胀的假设更加贴近现实。最后，Brennan 和 Xia 得出资产的名义价格取决于三个对时间依赖（Time‐Dependent）的常数、无风险收益率和通货膨胀率。最后，Brennan、Wang 和 Xia（2004）用美国 1952—2000 年间的数据实证发现：资产收益可以反映通货膨胀的均值回复过程，并且资产的名义价格与真实利率、通货膨胀率和时间依赖常数是一种线性关系。Liu（2007）的研究把 Brennan 和 Xia 的工作又推进了一步，他认为，Brennan 和 Xia 中通货膨胀的均值回复过程仅仅是二次过程的一个特例，如果通货膨胀率满足这种二次过程，则通货膨胀率的方差也会影响通货膨胀的速度。这样资产的名义价格不仅会受到时间、无风险收益率和通货膨胀率影响，还会受到通货膨胀率方差的影响。此外，Liu 对通货膨胀的设定也为坎贝尔等（2001）的实证提供了某种理论基础，因为在坎贝尔等的工作中，发现资产收益的方差更能影响资产收益本身。在通货膨胀对资本的真实价格影响方面，Kothari 和 Shanken（2004）发现，在 1953—2000 年，美国资本市场上的指数债券②能非常好地反映资产的真实价格。另外，斯托克和沃森（Stock and Watson, 2003）测算了 7 个 OECD 的国家 1959—1999 年的数据，他们发现，资产的价格能够从一定程度上反映通货膨胀率的变化，这从另一方面解释了 Modigliani‐Cohn 现象。由于资产价格不仅会反映当期的通货膨胀情况，还会反

---

① 在 Bakshi 和 Chen（1996）的工作中，通货膨胀率是符合伊藤过程的，这暗含着通货膨胀率总是按照某种速度进行下去。

② 指数债券的利息和本金会随着物价指数的上升而增加，下降而减少。因此，该种债券的利率为实际利率。

映未来的通货膨胀情况，所以，仅考察当期的通货膨胀情况对资产的影响是很片面的。这也是为什么从长期角度进行分析时，资产价格不存在 Modigliani – Cohn 现象的原因。

以上分析都是建立在资产交易在没有成本的情况下完成的，而 Alvarez、Atkeson 和 Kehoe（2002）认为，资产交易是需要付出成本的。由于资产交易成本的存在，阻止某些人交易的可能，使这部分人不再像无交易成本时那样自由地进行交易，这样，交易人就会被分割。当政府发行货币时，只有活跃的交易人进行交易，因此，只有这部分人的边际效用替代率会影响到利率，由于新发行的货币只被活跃交易人吸收，因此，只有活跃交易人增加他们的现期消费，这样，真实利率才会下降。

综上所述，MCAPM 和 LAPM 来源于 ICAPM，它们继承了 ICAPM 的分析框架，都是建立在动态一般均衡的基础上，但是，MCAPM 和 LAPM 与 ICAPM 的不同在于各自的约束条件上，MCAPM、LAPM 是建立在现金先行的约束条件下，卢卡斯"树"在其中起到非常关键的作用；而 ICAPM 的约束条件则不需要卢卡斯"树"，其约束条件更像是增长模型中约束条件。另外，MCAPM 和 LAPM 虽然具有了一般均衡的雏形，但它还不是真正意义上的一般均衡模型，因为它们都用外生的卢卡斯"树"代替了生产方面；而在这方面，ICAPM 可以说是一个真正的一般均衡模型。但是，正是 MCAPM 和 LAPM 牺牲了对生产的分析，使其在分析货币对资产价格的影响方面变得更容易操作；而 ICAPM 则对这方面的处理就比较困难。

在本章分析中，经济中出现了货币［中央银行发行货币，资产的价格仅仅是由一个现期价格作为基准物（numeraire），而是出现了用货币表示的资产价格］。对此，我们对带有货币的 ICAPM 进行分析。

第一节　带有货币的经济中的资产价格

在这一章，我们的经济中出现了货币。在带有货币的经济中，中央银行发行货币，在下面的分析中，我们要证明当经济中存在货币时，资产价格的表示形式是什么。在第二章中，资产价格仅仅是由一个现期价格作为基准物（numeraire）。在本章中，则是出现了用货币表示的资产价格，本节的证明是在达菲和赞姆（1989）及达菲（2001）的基础上进行证明的。在达菲和赞姆（1989）及达菲（2001）的证明中，假设经济中的第 i 个消费者，其效用函数如下所示：

$$\underset{(c,\theta)}{Sup} \int_0^T U_i(c_t) \, dt \tag{3.1}$$

该消费者可以通过对其资产的组合 θ 和消费 c 使自身效用水平达到最优。消费者的预算约束为：

$$\theta_t S_t = \int_0^t \theta_s dG_s + \int_0^t p_s(e_s^i - x_s^i) \, ds \tag{3.2}$$

$$\sum \theta_i = 0, \sum_{i=1}^n c_i = e \tag{3.3}$$

式中，S_t 表示资产在第 t 期的价格，p 表示消费品的价格，e_s^i 表示消费者 i 在第 s 期的禀赋（endowment），x_s^i 表示消费者 i 在第 s 期的消费；G 表示资产的收益。另外，从全社会角度看，资产的发行就意味着资产所有人对资产未来收益有收益权（claim），而对资产的发行人来说，他出让了在未来能对他带来收益的收益权。因此，从整个社会来看，资产的总规模应为零。由于在这个分析的框架中，没有引入生产，仅有消费，因此，全社会的禀赋就等于总消费，这样式（3.3）成立。

引理 1：设 f 是希尔伯特（Hilbert）空间上的有界线性泛函，则存在唯一的 $x_f \in H$，使对任意的 $x \in H$，有：

$$f(x) = (x_f, x) \tag{3.4}$$

而且 $\|f\| = \|x_f\|$。

根据上面的引理，我们可以定义一个价格过程 $f(c_T)$，并在这个价格过程中存在唯一的一个值 π 满足：

$$f(c_T) = E\left(\int_0^T \pi_s c_s \mathrm{d}s\right) \tag{3.5}$$

定理：假设资产分红 D 是一个鞅过程，并令 $\{f, c\}$ 是一个阿罗—德布鲁均衡，f 是价格，c 是消费，p/m 是 f 的 Riesz（定理）表示，并且根据达菲和黄（1995）所证明资产价格的形式为：

$$S_t = \frac{1}{p_t} E_t[p_T(D_T - D_t)], \quad t \in [0, T] \tag{3.6}$$

如果 p 是有界的，则 $\{S; p; c, \theta\}$ 是一个带有现期证券市场的阿罗—德布鲁均衡。

对目标函数（3.1）、约束条件（3.2）和约束条件（3.3）求最优可得：

$$U'_i(c) = \lambda p_s \tag{3.7}$$

式中，λ 表示拉格朗日乘子，它是一个大于零的实数。在没有货币的经济中，可以发现，消费者的边际效用等于拉格朗日乘子。设 $\lambda = 1$，此时，资产的价格为：

$$S_t = \frac{1}{u_c(e_t, t)} E\left[\int_t^T u_c(e_s, s) \mathrm{d}D_s \mid I_t\right] \tag{3.8}$$

在这里，需要说明的是，引理 1 中的 π_s 即为消费品的价格 p_s。可以从式(3.8)中得出：资产价格的含义为该资产未来收益的贴现值，其中，$u_c(e_t, t)$ 为一个时间基准，$\dfrac{u_c(e_s, s)}{u_c(e_t, t)}$ 是该资产的贴现率。

以上是达菲、赞姆（1989）及达菲（2001）对资产价格的证明，从上面的证明可以看出，该经济中不存在货币。下面我们分析当经济中存在货币时，货币发行是怎样影响资产价格的。我们的目标函数仍然是式（3.1），即投资者的选择是为了自身福利水平的最大。由于经济中存在货币，这样，约束条件将会发生改变，具体的约束条件如下：

$$\theta_t S_t = \int_0^t \theta_s dG_s + \int_0^t p_s(e_s^i - x_s^i - g_s^i) ds + \int_0^t m_s ds \tag{3.9}$$

$$\sum \theta_i = 0, \sum_{i=1}^n c_i = e, p_s g_s = m_s \tag{3.10}$$

在经济中，存在政府和中央银行（这两者在很多情况下是统一的），假定政府通过中央银行发行货币 m_s 以 p_s 的名义价格向居民购买其禀赋 g_s，通过政府的购买，使居民拿到这些货币后，可以用于资产的交换和消费，这样，中央银行发行的货币就进入经济中。可以看出，如果政府所购买的禀赋是一个常数时（$\bar{g_s}$），中央银行所发行的货币会影响到消费品的名义价格。当中央银行所发行的货币较少时，则资产和禀赋的名义价格就越低；政府使用大量的货币进行购买时，则名义价格就越高。

定义 $\int_0^t m_s ds = M_t$ 为货币存量，S_t/M_t 为资产的真实价格①，$\left(\int_0^t \theta_s dG_s\right) / \left(\int_0^t m_s ds\right)$ 为资产未来收益的真实价格，p_s/m_s 为真实价格水平。对约束重新定义则为：

$$\theta_t S_t / M_t = \left(\int_0^t \theta_s dG_s\right) / \left(\int_0^t m_s ds\right) + \left[\int_0^t p_s(e_s^i - x_s^i)/m_s ds\right] \tag{3.11}$$

利用这个约束与目标函数构造拉格朗日算子，可得：

$$U'_i(c) = \lambda p_s/m_s \tag{3.12}$$

根据式（3.12）可以看出，投资者的边际效用等于消费品的真实价格。根据式（3.9）和资产价格式（3.6），可得到在有货币情况时的资产名义价格：

---

① 在货币经济中，这种对真实价格的定义出现在卢卡斯（1982）、卢卡斯和斯多基（1987）的论文中，在他们的论文中，他们使用货币先行（Cash in Advance CIA）的框架分析了货币因素是怎样对资产价格产生影响的。随后，以这种 CIA 为框架的论文基本上沿用了卢卡斯（1982）、卢卡斯和斯多基（1987）对真实价格的定义。

$$S_t = \frac{M_t}{p_t} E\left[\int_t^T (p_s/m_s)\,\mathrm{d}D_s \mid I_t\right] \tag{3.13}$$

可见，上式仍旧等于：

$$S_t = \frac{1}{u_c(e_t,t)} E\left[\int_t^T u_c(e_s,s)\,\mathrm{d}D_s \mid I_t\right] \tag{3.14}$$

或 $S_t/M_t = \dfrac{1}{u_c(e_t,t)}\int_t^T u_c(e_s,s)\,\mathrm{d}D_s \Big/ \left(\int_0^t m_s\,\mathrm{d}s\right)$ (3.15)

从上面的证明中可以看出，当一个经济中存在货币时，资产的名义价格等于其未来名义收益的贴现，资产的真实价格等于其未来真实收益的贴现，贴现率仍旧等于跨期的边际效用比。

第二节 带有货币的资产定价

根据上面的证明，资产价格等于其未来收益的期望，具体为：

$$S_t = \frac{1}{u_c(e_t,t)} E\left[\int_t^T u_c(e_s,s)\,\mathrm{d}D_s \mid I_t\right] \tag{3.16}$$

从上式可以看出，该经济中没有货币。如果经济中存在货币发行，发行的货币会对资产的名义期望收益产生影响，进而影响资产的名义价格。我们定义资产价格如下：

$$S_t = \frac{1}{u_c(e_t,t)} E\left[\int_t^T u_c(e_s,s)\,\mathrm{d}Y_s + u_c(e_s,s)\delta \mid I_t\right] \tag{3.17}$$

式中，S_t 表示第 t 期资产价格，δ 表示第 t 期资产的分红，Y 表示资产收益。把第 t 期的消费品价格设为 1，这样可得到价格过程为：

$$Z_t = \int_0^t P_s/m_s^d\,\mathrm{d}Y_s + \int_0^t ex_s P_s^f/m_s^f\,\mathrm{d}Y_s^f + P_t V_t^d/m_t^d + P_t ex_t V_t^f/m_t^f \tag{3.18}$$

式中，P_s 为本国的商品的名义价格水平；P_s^f 表示外国的商品名义价格水平；m_s^d 表示本国的货币存量；m_s^f 表示国外的货币存量；这样，P_t/m_s^d 和 P_s^f/m_s^f 分别表示国内资产和国外资产的真实价格水平；V_t^d 表示国内资产的名义收益，国内资产的真实收益用本国货币进行表示，为 $P_t V_t^d/m_t^d$；V_t^f 表示用外国货币表示的国外资产的名义收益，用本国货币表示的国外资产的真实收益为：$P_t ex_t V_t^f/m_t^f$；$\int_0^t P_s/m_s^d dY_s$ 表示用本国货币所表示的本国资产的期望收益；$\int_0^t ex_s P_s^f/m_s^f dY_s^f$ 表示用本国货币表示的外国资产的期望收益，在这个收益中，由于国外资产本是用外国货币进行表示的 $\int_0^t P_s^f/m_s^f dY_s^f$，需要通过汇率 ex 进行了转换；从式（3.18）的定义可以看出：资产价格为其预期收益（分红）加上当期的分红。V_t^d 和 V_t^f 都是伊藤过程，V_t^d 和 V_t^f 分别满足下式：

$$dV_t^d = \mu_{V_t^d} dt + \sigma_{V_t^d} dw_t \tag{3.19}$$

$$dV_t^f = \mu_{V_t^f} dt + \sigma_{V_t^f} dw_t \tag{3.20}$$

式（3.19）和式（3.20）的含义为：国内资产和国外资产的收益是随机的。其中，$\mu_{V_t^d}$、$\mu_{V_t^f}$ 分别表示国内资产和国外资产收益率的漂移项（均值），这部分是资产收益的确定部分，即随着时间变动 dt 单位，国内资产和国外资产的收益分别增加 $\mu_{V_t^d} dt$ 和 $\mu_{V_t^f} dt$（可以看出，对资产的长期持有比短期持有能带来更多的确定性的收益）；$\sigma_{V_t^d}$ 和 $\sigma_{V_t^f}$ 分别表示国内资产和国外资产收益率的扩散项（标准差），尽管 $\sigma_{V_t^d}$ 和 $\sigma_{V_t^f}$ 都是大于零的常数，但是，由于 w_t 为标准维纳过程，这样，dw_t 就是一个零均值的随机过程，这导致了 $\sigma_{V_t^d} dw_t$ 和 $\sigma_{V_t^f} dw_t$ 的符号是无法确认的，其含义为国内资产和国外资产带来的不确定的收益分别为 $\sigma_{V_t^d} dw_t$ 和 $\sigma_{V_t^f} dw_t$。根据上面的定义，我们还可以认为，汇率 ex 也是随机的，汇率的动态也满足伊藤过程，其为：

$$dex_t = \mu_{ex} dt + \sigma_{ex} dw_t \tag{3.21}$$

式中，μ_{ex} 和 σ_{ex} 分别表示汇率的漂移项（均值）和扩散项（标准差）。由于经济中存在货币，因此，对于国内的收益和国外的收益（V_t^d 和 V_t^f）来说，将是具有货币表示的名义收益。而各国的货币发行也符合伊藤过程，分别满足下式：

$$dm_t^d = \mu_{m_t^d}dt + \sigma_{m_t^d}dw_t \qquad (3.22)$$

$$dm_t^f = \mu_{m_t^f}dt + \sigma_{m_t^f}dw_t \qquad (3.23)$$

式中，$\mu_{m_t^d}$ 和 $\mu_{m_t^f}$ 分别表示国内和国外货币发行的漂移项（均值），这意味着在单位时间内国内和国外新发行的货币分别为 $\mu_{m_t^d}$ 和 $\mu_{m_t^f}$；由于是由中央银行控制着货币的发行，中央银行在面对不同的经济冲击时，确定其货币发行的规模，这样，各国中央银行的货币发行还存在一定的随机性。在这里，我们用 $\sigma_{m_t^d}$ 和 $\sigma_{m_t^f}$ 分别表示国内和国外货币发行的随机项（标准差）。同理，$\sigma_{m_t^d}dw_t$ 和 $\sigma_{m_t^f}dw_t$ 分别表示国内和国外货币的随机发行，同样，我们不能确定它们的符号。根据本章第一部分的结论，定义资产收益的真实价值为：

$$V_t^d/m_t^d = G_t^d \text{、} V_t^f/m_t^f = G_t^f$$

根据伊藤引理，我们可以对 $V_t^d/m_t^d = G_t^d$、$V_t^f/m_t^f = G_t^f$ 有一个明确的表达式：

$$d(V_t^d/m_t^d) = \frac{V_t^d}{m_t^d}\left[\frac{dV_t^d}{V_t^d} - \frac{dm_t^d}{m_t^d} - \frac{dV_t^d}{V_t^d}\frac{dm_t^d}{m_t^d} + \left(\frac{dm_t^d}{m_t^d}\right)^2\right]$$

$$= \frac{V_t^d}{m_t^d}\left[\frac{dV_t^d}{V_t^d} - \frac{dm_t^d}{m_t^d} - \frac{dV_t^d}{V_t^d}\frac{dm_t^d}{m_t^d} + \left(\frac{dm_t^d}{m_t^d}\right)^2\right]$$

$$= \frac{V_t^d}{m_t^d}\left[\frac{\mu_{V_t^d}}{V_t^d} - \frac{\mu_{m_t^d}}{m_t^d} - \frac{\sigma_{V_t^d}\sigma_{m_t^d}}{V_t^d m_t^d} + \frac{\sigma_{m_t^d}\sigma_{m_t^d}}{(m_t^d)^2}\right]dt + \frac{V_t^d}{m_t^d}\left[\frac{\sigma_{V_t^d}}{V_t^d} - \frac{\sigma_{m_t^d}}{m_t^d}\right]dw_t$$

$$(3.24)$$

同理可得：

$$d(V_t^f/m_t^f) = \frac{V_t^f}{m_t^f}\left[\frac{dV_t^f}{V_t^f} - \frac{dm_t^d}{m_t^f} - \frac{dV_t^d}{V_t^f}\frac{dm_t^f}{m_t^f} + \left(\frac{dm_t^f}{m_t^f}\right)^2\right]$$

$$= \frac{V_t^f}{m_t^f}\left[\frac{dV_t^f}{V_t^f} - \frac{dm_t^f}{m_t^f} - \frac{dV_t^f}{V_t^f}\frac{dm_t^f}{m_t^f} + \left(\frac{dm_t^f}{m_t^f}\right)^2\right]$$

$$= \frac{V_t^f}{m_t^f}\left[\frac{\mu_{V_t^f}}{V_t^f} - \frac{\mu_{m_t^f}}{m_t^f} - \frac{\sigma_{V_t^f}\sigma_{m_t^f}}{V_t^f m_t^f} + \frac{\sigma_{m_t^f}\sigma_{m_t^f}}{(m_t^f)^2}\right]dt + \frac{V_t^f}{m_t^f}\left[\frac{\sigma_{V_t^f}}{V_t^f} - \frac{\sigma_{m_t^f}}{m_t^f}\right]dw_t$$

$$(3.25)$$

或者我们可以由 $dV_t^d = d(G_t^d m_t^d)$ 来解得 dG_t^d 的形式，下面我们给

出具体的解法，因为：

$$dV_t^d = m_t^d dG_t^d + G_t^d dm_t^d + dG_t^d dm_t^d \tag{3.26}$$

由式（3.19）可知，$dV_t^d = \mu_{V_t^d} dt + \sigma_{V_t^d} dw_t$，并定义资产收益的真实价值为：

$$dG_t^d = \mu_{G_t^d} dt + \sigma_{G_t^d} dw_t \tag{3.27}$$

由式（3.24）等号右侧的三项：$m_t^d dG_t^d = [\mu_{G_t^d} dt + \sigma_{G_t^d} dw_t] m_t^d$、$dG_t^d dm_t^d = \sigma_{G_t^d} \sigma_{m_t^d} dt$ 和 $G_t^d dm_t^d = [\mu_{m_t^d} dt + \sigma_{m_t^d} dw_t] G_t^d$ 相加可得：

$$[(m_t^d \mu_{G_t^d}) + (\mu_{m_t^d} G_t^d) + \sigma_{G_t^d} \sigma_{m_t^d}] dt + [\sigma_{G_t^d} M_t^d + \sigma_{M_t^d} G_t^d] dw_t$$
$$= m_t^d dG_t^d + G_t^d dm_t^d + dG_t^d dm_t^d \tag{3.28}$$

即$(m_t^d \mu_{G_t^d}) + (\mu_{m_t^d} G_t^d) + \sigma_{G_t^d} \sigma_{m_t^d} = \mu_{V_t^d}$，$\sigma_{G_t^d} m_t^d + \sigma_{M_t^d} G_t^d = \sigma_{V_t^d}$。我们可得：

$$\sigma_{G_t^d} = (\sigma_{V_t^d} - \sigma_{M_t^d} V_t^d / m_t^d) / m_t^d \tag{3.29}$$

$$\mu_{G_t^d} = [\mu_{V_t^d} - \sigma_{G_t^d} \sigma_{m_t^d} - (\mu_{m_t^d} V_t^d / m_t^d)] / m_t^d \tag{3.30}$$

同理可得：

$$\sigma_{G_t^f} = (\sigma_{V_t^f} - \sigma_{M_t^f} V_t^f / m_t^f) / m_t^f \tag{3.31}$$

$$\mu_{G_t^f} = [\mu_{V_t^f} - \sigma_{G_t^f} \sigma_{m_t^f} - (\mu_{m_t^f} V_t^f / m_t^f)] / m_t^f \tag{3.32}$$

我们从此方法得出的真实价格的形式与用伊藤引理得出的真实价格形式是一致的。[①] 现在，我们对 $dG_t^d = \mu_{G_t^d} dt + \sigma_{G_t^d} dw_t$ 中的参数都可以用货币、收益伊藤过程中的参数来表示了。从上面两式可以看出，真实收益的波动和溢价要比名义收益的波动和溢价都要小。可以看出，当经济存在货币发行的情况下，名义收益的均值与真实收益的均值和标准差有很大的差别。名义收益不仅要减去真实收益和货币的协方差（$\sigma_{G_t^d} \sigma_{m_t^d}$），还要减去货币波动的均值乘以真实收益过程（$\mu_{m_t^d} V_t^d / m_t^d$），还要除以货币存量（$m_t^d$）才能得到真实收益的均值。另外，名义收益的标准差需要减去货币波动的标准差乘以真实收益过程（$\sigma_{M_t^d} V_t^d / m_t^d$），还要除以货币存量（$m_t^d$）才能得到真实

---

① 具体证明参考本章附录。

第三章 带有货币的国际资产定价 | 61

收益的标准差。现在证明存在货币情况下的 CAPM 形式。

对价格过程，$Z_t = \int_0^t P_s/m_s^d \mathrm{d}Y_s + \int_0^t ex_s P_s^f/m_s^f \mathrm{d}Y_s^f + P_t V_t^d/m_t^d + P_t ex_t V_t^f/m_t^f$，对 Z_t 求微分，可得：

$$\mathrm{d}Z_t = \{P_t\mu_y/m_t^d + P_t ex_t\mu_y^f/m_t^f + P_t[\mu_{G_t^d} + \mu_{ex}G_t^f + ex_t\mu_{G_t^f} + \sigma_{ex}\sigma_{G_t^f}] \\ + [G_t^d + ex_t G_t^f]\mu_P + \sigma_P[\sigma_{G_t^d} + G_t^f\sigma_{ex} + ex_t\sigma_{G_t^f}]\}\mathrm{d}t + \sigma_{Z_t}\mathrm{d}w_t$$

(3.33)

根据无套利原则，价格过程的漂移项为零，其为：

$$P_t[\mu_y/m_t^d + ex_t\mu_y^f/m_t^f + \mu_{G_t^d} + \mu_{ex}G_t^f + ex_t\mu_{G_t^f} + \sigma_{ex}\sigma_{G_t^f}] + \\ [G_t^d + ex_t G_t^f]\mu_P + \sigma_P[\sigma_{G_t^d} + G_t^f\sigma_{ex} + ex_t\sigma_{G_t^f}] = 0 \quad (3.34)$$

其中，定义 $\sigma_P = u_{cc}(e_t, t)\sigma_e$，$-\mu_P/P_t = r_t$，上式经过变形为：

$$[\mu_y/m_t^d + ex_t\mu_y^f/m_t^f + \mu_{G_t^d} + \mu_{ex}G_t^f + ex_t\mu_{G_t^f} + \sigma_{ex}\sigma_{G_t^f}] - r_t[G_t^d + ex_t G_t^f] \\ = -\frac{u_{cc}(e_t, t)}{u_c(e_t, t)}\sigma_e[\sigma_{G_t^d} + G_t^f\sigma_{ex} + ex_t\sigma_{G_t^f}] \quad (3.35)$$

我们可以看出，资产收益率在用真实价格进行表示时，CAPM 的整体形式和没有货币的 CAPM 的整体形式是一样的，但是，两者中表示项的含义是不相同的。其中，衡量投资者风险水平的依然是投资者的绝对风险厌恶系数：$-\dfrac{u_{cc}(e_t, t)}{u_c(e_t, t)}$；但是，当经济中存在货币时，资产收益率和风险与没有货币情况下的收益率和风险是不同的。如果令 $\dfrac{\mu_y/m_t^d + \mu_{G_t^d}}{G_t^d + ex_t G_t^f} = R_t^d$ 表示国内资产的收益率，$\dfrac{\mu_{ex}G_t^f + ex_t\mu_{G_t^f} + \sigma_{ex}\sigma_{G_t^f} + ex_t\mu_y^f/m_t^f}{G_t^d + ex_t G_t^f} = R_t^f$ 表示国外资产的收益率，$\dfrac{\sigma_{G_t^d}}{G_t^d + ex_t G_t^f} = \sigma_R^d$ 表示国内资产的风险水平，$\dfrac{G_t^f\sigma_{ex} + ex_t\sigma_{G_t^f}}{G_t^d + ex_t G_t^f} = \sigma_R^f$ 表示国外资产的风险水平，则投资者的总收益率为 $R_t^d + R_t^f = R_t$，则上式变为：

$$R_t - r_t = -\frac{u_{cc}(e_t, t)}{u_c(e_t, t)}\sigma_e(\sigma_R^d + \sigma_R^f) \quad (3.36)$$

我们可以看出，这两部分收益率是有差别的，国内资产由于资产的真实价格是由资产的名义价格和货币发行决定的,所以,我们用资产的名义价格和货币发行来表示资产的真实价格。国内资产收益率表示如下:

$$\frac{\mu_y/m_t^d + \mu_{G_t^d}}{G_t^d + ex_t G_t^f} = \frac{\mu_y + \mu_{V_t^d} - \sigma_{G_t^d}\sigma_{m_t^d} - (\mu_{m_t^d}V_t^d/m_t^d)}{V_t^d + ex_t V_t^f R_t^m} \tag{3.37}$$

式中,$m_t^d/m_t^f = R_t^m$,国外资产收益率表示如下:

$$\frac{\mu_{ex}G_t^f + ex_t\mu_{G_t^f} + \sigma_{ex}\sigma_{G_t^f} + ex_t\mu_y^f/m_t^f}{G_t^d + ex_t G_t^f}$$

$$= \frac{\mu_{ex}V_t^f R_t^m + ex_t[\mu_{V_t^f} - \sigma_{G_t^d}\sigma_{m_t^d} - (\mu_{m_t^d}V_t^f/m_t^f)]R_t^m}{V_t^d + ex_t V_t^f R_t^m} + \frac{\sigma_{ex}\sigma_{G_t^f}m_t^d + \mu_t^f R_t^m}{V_t^d + ex_t V_t^f R_t^m} \tag{3.38}$$

国内资产的实际波动如式(3.39)所示:

$$\frac{\sigma_{G_t^d}}{G_t^d + ex_t G_t^f} = \frac{\sigma_{V_t^d} - \sigma_{M_t^d}V_t^d/m_t^d}{V_t^d + ex_t V_t^f R_t^m} \tag{3.39}$$

国外资产的实际波动如式(3.40)所示:

$$\frac{G_t^f\sigma_{ex} + ex_t\sigma_{G_t^f}}{G_t^d + ex_t G_t^f} = \frac{V_t^f\sigma_{V_t^f}R_t^m + ex_t(\sigma_{V_t^f} - \sigma_{M_t^f}V_t^f/m_t^f)R_t^m}{V_t^d + ex_t V_t^f R_t^m} \tag{3.40}$$

由于在这一章我们加入了货币,因此,我们分析资产的名义定价和实际定价公式的差别。由第二章我们的证明,可以得到资产的定价为:

$$R_t - r_t = -\frac{u_{cc}(e_t, t)}{u_c(e_t, t)}\sigma_e(\sigma_R^d + \sigma_R^f) \tag{3.41}$$

而本章中资产的定价满足式(3.36),为了区分与第二章得出的结论,我们重新定义各变量,具体如下:

$$\frac{\mu_y + \mu_{V_t^d}}{V_t^d + ex_t V_t^f} = R_{t,N}^d$$

$$\frac{\mu_{ex}V_t^f + ex_t\mu_{V_t^f} + \sigma_{ex}\sigma_{V_t^f} + ex_t\mu_y^f}{V_t^d + ex_t V_t^f} = R_{t,N}^f$$

$$R_t^d + R_t^f = R_{t,N}$$

$$\frac{\sigma_{V_t^d}}{V_t^d + ex_t V_t^f} = \sigma_{R,N}^d$$

$$\frac{V_t^f \sigma_{ex} + ex_t \sigma_{V_t^f}}{V_t^d + ex_t V_t^f} = \sigma_{R,N}^f$$

其中，$R_{t,N}^d$、$R_{t,N}^f$、$R_{t,N}$、$\sigma_{R,N}^d$ 和 $\sigma_{R,N}^f$ 分别表示国内资产的名义收益率、国外资产的名义收益率、所有资产的名义收益率、国内资产的名义波动率和国外资产的名义波动率。资产的实际定价需要考虑货币的发行与资产的名义分红的关系，如果货币发行的多少不影响资产名义的分红，则国内外货币发行与资产分红分别满足：$\sigma_{M_t^d} V_t^d = 0$ 和 $\sigma_{M_t^f} V_t^f = 0$。在实际的情况下，由于资产的分红是用货币进行表示的，所以，一国货币发行的多少会影响到资产名义分红的大小。即如果货币发行得越多，资产名义分红就越大；货币发行得越少，资产名义分红就越小。在这种情况下，国内外货币发行与资产分红分别满足：$\sigma_{M_t^d} V_t^d > 0$ 和 $\sigma_{M_t^f} V_t^f > 0$。

为了分析方便，我们假定各国货币发行的速度是一样的，且在第 0 期，各国的货币存量为 0，这样，$m_t^d / m_t^f = R_t^m R_t^m = 1$。由于 $m_t^d > 0$，我们可得：

$$\sigma_R^d = \frac{\sigma_{V_t^d} - \sigma_{M_t^d} V_t^d / m_t^d}{V_t^d + ex_t V_t^f R_t^m} < \frac{\sigma_{V_t^d}}{V_t^d + ex_t V_t^f} = \sigma_{R,N}^d \quad (3.42)$$

$$\sigma_R^f = \frac{V_t^f \sigma_{V_t^d} R_t^m + ex_t (\sigma_{V_t^f} - \sigma_{M_t^f} V_t^f / m_t^f) R_t^m}{V_t^d + ex_t V_t^f R_t^m} < \frac{V_t^f \sigma_{ex} + ex_t \sigma_{V_t^f}}{V_t^d + ex_t V_t^f} = \sigma_{R,N}^f$$

$$(3.43)$$

可以看出，国内资产和国外资产的实际波动都小于国内资产和国外资产的名义波动，从上面两式中发现，资产的实际波动需要从资产的名义波动中减去货币波动（造成的影响 $\sigma_{M_t^d} V_t^d / m_t^d$），由于货币的存在，基准价值也由 $(G_t^d + ex_t G_t^f)$ 变为 $(V_t^d + ex_t V_t^f)$。在有货币的经济中，资产的实际收益是与货币发行无关的，因此，资产的实际收益与货币发行的协方差满足：$\sigma_{G_t^d} \sigma_{m_t^d} = 0$、$\sigma_{G_t^f} \sigma_{m_t^f} = 0$。而且由式（3.22）、式（3.23），我们可得：

$$\int_0^t \mathrm{d}m_s^d = \int_0^t \mu_{m_s^d} \mathrm{d}s + \int_0^t \sigma_{m_s^d} \mathrm{d}w_s \qquad (3.44)$$

$Em_t^d = m_0^d + \mu_{m_t^d} t$，设 $m_0^d = 0$

$$\int_0^t \mathrm{d}m_s^f = \int_0^t \mu_{m_s^f} \mathrm{d}s + \int_0^t \sigma_{m_s^f} \mathrm{d}w_s \qquad (3.45)$$

$Em_t^f = m_0^f + \mu_{m_t^f} t$，设 $m_0^f = 0$

在这种情况下，可以得到：$\mu_{m_t^d}/m_t^d = 1/t$，$\mu_{m_t^f}/m_t^f = 1/t$，这样，我们可以得到：$\mu_{m_t^d} V_t^d / m_t^d > 0$，可以得出：

$$ER_{t,N}^d = E\frac{\mu_y + \mu_{V_t^d}}{V_t^d + ex_t V_t^f} > E\frac{\mu_y + \mu_{V_t^d} - (\mu_{m_t^d} V_t^d / m_t^d)}{V_t^d + ex_t V_t^f R_t^m} = ER_t^d \qquad (3.46)$$

$$ER_{t,N}^f = E\frac{\mu_{ex} V_t^f + ex_t \mu_{V_t^f} + \sigma_{ex} \sigma_{V_t^f} + \mu_y^f}{V_t^d + ex_t V_t^f} > E\frac{\mu_{ex} G_t^f + ex_t \mu_{G_t^f} + \sigma_{ex} \sigma_{G_t^f} + \mu_y^f / m_t^f}{G_t^d + ex_t G_t^f} = ER_t^f$$

可以看出，在有货币的经济中，国内资产和国外资产的实际收益率都小于国内资产和国外资产的名义收益率，其中，我们可以定义 $\mu_{m_t^d} V_t^d / m_t^d$ 和 $\mu_{m_t^f} V_t^f / m_t^f$ 为国内货币发行和国外货币发行产生的风险溢价。同样，在此处，由于货币的存在，基准价值也由 $(G_t^d + ex_t G_t^f)$ 变为 $(V_t^d + ex_t V_t^f)$。虽然基准价值发生了改变，但并不影响定价的形式，在 $R_t - r_t = -u_{cc}(e_t, t)/u_c(e_t, t)\sigma_e(\sigma_R^d + \sigma_R^f)$ 中，由于 $u_{cc}(e_t, t)/u_c(e_t, t)\sigma_e$ 不会发生改变，所以，基准价值自动在等号两边得到了消除。

一 对"风险溢价之谜"和"无风险利率之谜"的解释

根据卢卡斯（1978）所得到的资产定价公式，由梅拉和普雷斯科特（1985）实证发现，投资者的相对风险厌恶系数很大，处于一个非常高的区间内，梅拉和普雷斯科特（1985）将此现象称为"风险溢价之谜"。

由于相对风险厌恶系数很高，所以，消费的跨期替代弹性将取非常低的值。① 而很低的跨期替代弹性则说明投资者的消费是平滑

---

① 当投资者的效用函数为 CRRA 型时，相对风险厌恶系数是消费跨期替代弹性的倒数。在实证和校准时，往往假设投资者的效用函数为 CRRA 型的。

的。为保持消费的平滑，投资者会发生借贷，这样，将导致无风险利率变高，而实际市场的无风险利率却很低。韦尔（1989）将这种无法解释的现象称为"无风险利率之谜"。[①] 在这里，我们利用上面的结论，对"风险溢价之谜"和"无风险利率之谜"做出解释，在这里的解释中，我们使用绝对风险厌恶系数（而不是相对风险厌恶系数）作为投资者对风险的评价。

从第二章的分析中我们可以发现，当经济中不存在货币时，ICAPM 的表现形式为：

$$R_t - r_t = -\frac{u_{cc}(e_t, t)}{u_c(e_t, t)}\sigma_e(\sigma_R^d + \sigma_R^f) \tag{3.47}$$

当经济中存在货币时，ICAPM 的表现形式为：

$$R_{t,N} - r_t = -\frac{u_{cc}(e_t, t)}{u_c(e_t, t)}\sigma_e(\sigma_{R,N}^d + \sigma_{R,N}^f) \tag{3.48}$$

由上面的证明可以得到：$(\sigma_R^d + \sigma_R^f) < (\sigma_{R,N}^d + \sigma_{R,N}^f)$，而 $-\frac{u_{cc}(e_t, t)}{u_c(e_t, t)}$ 为绝对风险厌恶系数，比较式（3.47）和式（3.48），可以发现，当经济中存在货币时，投资者的绝对风险厌恶系数明显小于经济中不存在货币时的绝对风险厌恶系数。因此，我们可以断定：如果在实证和校准分析时，考虑了货币因素，所得的风险厌恶系数将会比没有考虑货币因素所得出的风险厌恶系数小。以上是对"风险溢价之谜"所做出的解释。

分析式（3.47）和式（3.48）的无风险收益率 r_t，由 $r_t = -\mu_p/P_t$ 可知，无风险利率取决于价格波动的扩散项和价格水平。为了分析方便，我们定义 $r_t = -\mu_p/P_t$ 为无货币时的无风险收益率，并假设当经济处于 0 期时，商品的价格唯一。而 $r_{t,N} = -\mu_p/P_{t,N}$ 为有货币时的无风险收益率，同样，我们也设定当经济处于 0 期时，商品的名义价格唯一。从上面的分析中，我们可以得到，当经济中不存

[①] 坎贝尔和科克伦（1999）利用非期望效用函数来解释"无风险利率之谜"。

在货币时，无风险收益率为 $r_t = -1/t = -\mu_P/P_t$；当经济中存在货币时，商品的名义价格伊藤过程将为：

$$dP_{t,N} = (\mu_P + \mu_M)dt + \sigma_P dw_t \tag{3.49}$$

这样，就可以得到货币经济时的商品名义价格为：$EP_{t,N} = (\mu_P + \mu_M)t$，进一步可得：$1/t + r_{t,N} = \mu_M/P_{t,N}$，由于 $\mu_M/P_{t,N} > 0$，所以可得：$r_{t,N} < -1/t$。可见，当经济中存在货币时，无风险收益率将会降低。以上是对"无风险利率之谜"所做出的解释。

二 货币经济中固定汇率和自由浮动汇率对定价的影响

汇率是各国货币的一种比价关系，如果某个国家货币发行过多，则该国的货币就会贬值。在完全浮动汇率制的条件下，汇率可以反映出各国的货币发行，即 $(m_t^d/m_t^f)ex_t = R_t^m ex_t = 1$，而在固定汇率制的条件下，各国货币发行的多少并不影响汇率的变动。下面我们分析固定汇率制和自由浮动汇率制对国际资产价格产生怎样的影响。

（一）固定汇率制条件下的资产价格

我们首先分析固定汇率制对国际资产价格造成的影响。如果在汇率固定的情况下，则汇率的变动就不再类似伊藤过程，汇率不但没有波动项，而且也不存在趋势项，那么以上分析就会得到很大的简化。同样，定义 $V_t^d/m_t^d = G_t^d$、$V_t^f/m_t^f = G_t^f$，资产的价格过程仍为：

$$Z_t = \int_0^t P_s/m_s^d dY_s + \int_0^t ex_s P_s^f/m_s^f dY_s^f + P_t V_t^d/m_t^d + P_t ex_t V_t^f/m_t^f,$$

由于汇率是固定的，对 Z_t 求微分，可得如下形式：

$$dZ_t = \{P_t\mu_y/m_t^d + P_t\mu_y^f/m_t^f + P_t[\mu_{G_t^d} + ex_t\mu_{G_t^f}] \\ + [G_t^d + ex_t G_t^f]\mu_p + \sigma_P[\sigma_{G_t^d} + ex_t\sigma_{G_t^f}]\}dt + \sigma_{Z_t}dw_t \tag{3.50}$$

根据无套利原则，价格过程的漂移项为零，其为：

$$P_t[\mu_y/m_t^d + \mu_y^f/m_t^f + \mu_{G_t^d} + ex_t\mu_{G_t^f}] + [G_t^d + ex_t G_t^f]\mu_p \\ + \sigma_P[\sigma_{G_t^d} + ex_t\sigma_{G_t^f}] = 0 \tag{3.51}$$

同样，定义 $\sigma_P = u_{cc}(e_t, t)\sigma_e$，$-\mu_p/P_t = r_t$，上式可变形为：

$$[\mu_y/m_t^d + \mu_y^f/m_t^f + \mu_{G_t^d} + ex_t\mu_{G_t^f}] - r_t[G_t^d + ex_t G_t^f]$$

$$= -\frac{u_{cc}(e_t, t)}{u_c(e_t, t)}\sigma_e[\sigma_{G_t^d} + ex_t\sigma_{G_t^f}] \tag{3.52}$$

我们可以看出，在固定汇率制情况下，虽然资产定价的形式得到了大大简化，但是，资产定价的基本形式并没有发生改变。我们仍旧用资产的真实收益率和真实波动来表示国际资产的价格。令 $\frac{\mu_y/m_t^d + \mu_{G_t^d}}{G_t^d + ex_t G_t^f} = R_t^d$，$\frac{ex_t \mu_{G_t^f} + \mu_y^f/m_t^f}{G_t^d + ex_t G_t^f} = R_t^f$，$\frac{\sigma_{G_t^d}}{G_t^d + ex_t G_t^f} = \sigma_R^d$，$\frac{ex_t \sigma_{G_t^f}}{G_t^d + ex_t G_t^f} = \sigma_R^f$，$R_t^d + R_t^f = R_t$，则上式仍可变为：

$$R_t - r_t = -\frac{u_{cc}(e_t, t)}{u_c(e_t, t)} \sigma_e (\sigma_R^d + \sigma_R^f) \tag{3.53}$$

（二）浮动汇率制条件下的资产价格

在自由浮动汇率制的情况下，国际资产定价的形式也会得到某种程度的简化。由于在完全浮动汇率制的条件下，汇率可以反映出各国的货币发行，我们可以得到：$(m_t^d/m_t^f)ex_t = R_t^m ex_t = 1$，这样，价格过程的形式会得到简化。下面的分析仍旧使用资产的真实收益率和真实波动来表示国际资产的价格。在这里，我们定义 $V_t^d/m_t^d = G_t^d$、$V_t^f/m_t^d = G_t^f$，这一点与上面固定汇率的分析有所不同，在那里，我们定义 $V_t^f/m_t^f = G_t^f$，则资产的价格过程就变形为：

$$Z_t = \int_0^t P_s/m_s^d dY_s + \int_0^t P_s^f/m_s^d dY_s^f + P_t V_t^d/m_t^d + P_t V_t^f/m_t^d \tag{3.54}$$

可以看出，在自由浮动汇率的条件下，国外资产的名义分红和名义价格都将除以本国的货币，使名义分红和资产价格变为实际分红和名义价格。这一点和上面的分析有所不同，在上面的分析中，一国资产的名义分红和名义价格需要通过除以该国的货币存量变为实际分红和实际价格；在完全浮动汇率的情况下，本国、外国资产的名义分红和名义价格仅仅通过除以本国货币就可以得到资产的实际分红和实际价格。对 Z_t 求微分，可得：

$$dZ_t = \{P_t \mu_y/m_t^d + P_t^f \mu_y^f/m_t^d + P_t[\mu_{G_t^d} + \mu_{G_t^f}] \\ + [G_t^d + G_t^f]\mu_p + \sigma_P[\sigma_{G_t^d} + \sigma_{G_t^f}]\}dt + \sigma_{Z_t} dw_t \tag{3.55}$$

根据无套利原则，价格过程的漂移项为零，其为：

$$\{P_t \mu_y/m_t^d + P_t^f \mu_y^f/m_t^d + P_t[\mu_{G_t^d} + \mu_{G_t^f}] + [G_t^d + G_t^f]\mu_p + \sigma_P[\sigma_{G_t^d} +$$

$\sigma_{G_t^f}]\} dt = 0 \tag{3.56}$

式中，定义 $\sigma_P = u_{cc}(e_t, t)\sigma_e$，$-\mu_p/P_t = r_t$，上式变形为：

$$[\mu_y/m_t^d + \mu_y^f/m_t^d + \mu_{G_t^d} + \mu_{ex}] - r_t[G_t^d + G_t^f] = -\frac{u_{cc}(e_t, t)}{u_c(e_t, t)}\sigma_e[\sigma_{G_t^d} + \sigma_{G_t^f}]$$
$$\tag{3.57}$$

在我们把资产收益率用真实价格进行表示时，CAPM 的形式和没有货币的 CAPM 的形式还将保持一致。令 $\dfrac{\mu_y/m_t^d + \mu_{G_t^d}}{G_t^d + G_t^f} = R_t^d$，

$\dfrac{\mu_{ex} + \mu_y^f/m_t^d}{G_t^d + G_t^f} = R_t^f$，$\dfrac{\sigma_{G_t^d}}{G_t^d + G_t^f} = \sigma_R^d$，$\dfrac{\sigma_{G_t^f}}{G_t^d + G_t^f} = \sigma_R^f$，$R_t^d + R_t^f = R_t$，则上式变为：

$$R_t - r_t = -\frac{u_{cc}(e_t, t)}{u_c(e_t, t)}\sigma_e(\sigma_R^d + \sigma_R^f) \tag{3.58}$$

从上面的分析来看，我们所得到的固定汇率制和自由浮动汇率制时的资产定价的形式其实都可以从式（3.36）中得到，它们的形式仅仅是式（3.36）的特例，尤其是自由浮动汇率制下的资产定价模型和一个封闭情况下的资产定价形式基本上是一致的。

第三节　带有货币的国际资产定价：随机控制证明

第二章我们分析了国际资产定价的基本形式，在这一章我们将要分析各国货币发行是怎样影响国际资产组合的。本节的分析仍旧沿袭默顿（1969，1971，1973）、索尔尼克（1974）、布里登（1979）、考克斯、英格索尔和罗斯（1985a，b）的资产定价的一般均衡框架；主要分析在投资者面对各国货币发行的情况下，对财富进行最优的配置。第二章中的 CAPM 又会发生哪些改变，在下面的分析中，将会利用我们证明出的结果对风险溢价进行解释。

本节仍沿用第二章的分析框架：假设存在国家之间的实物投资和资产投资，且实物投资和资产投资在国家之间的流动不受任何阻碍。其中，假设国内实物投资的收益动态为：

$$dI_t^d = I_\eta \alpha_t^d(Y) dt + I_\eta G_t^d(Y) dw_t \qquad (3.59)$$

式中，I_η 表示投资存量，在经济中，存在 n 种生产，因此 I_η 是一个 $n \times n$ 的对角阵；$\alpha_t^d(Y)$ 表示国内投资变动的漂移项，含义为国内投资变动的均值，其为一个 n 维向量；$G_t^d(Y)$ 表示国内投资变动的扩散项，含义为国内投资变动的标准差，其为一个 $n \times (n+k)$ 的矩阵；Y 表示状态(State)，其表示投资变动所有可以发生的状态，其为一个 k 维向量；dw_t 表示一个 $(n+k)$ 维的维纳过程；dt 表示时间的变动。状态的变化满足下式：

$$dY(t) = n(Y, t) dt + s(Y, t) dw_t \qquad (3.60)$$

并假设国外实物投资的收益动态为：

$$dI_t^f = I_\eta \alpha_t^f(Y) dt + I_\eta G_t^f(Y) dw_t \qquad (3.61)$$

式中，I_η 表示投资存量；$\alpha_t^f(Y)$ 表示国外投资变动的漂移项；$G_t^f(Y)$ 表示国外投资变动的扩散项；Y、dw_t 和 dt 的定义同上。在现实中，由于各国之间存在生产要素流动的障碍、技术进步水平的不同以及各国实物投资政策的不同，要素收益的均等化并不一定发生，因此，$\alpha_t^d(Y)$ 和 $\alpha_t^f(Y)$、$G_t^d(Y)$ 和 $G_t^f(Y)$ 并不一定相等。国内资产组合的收益动态为：

$$dF_t^d = (F_t^d \beta^d - \delta_t^d) dt + F_t^d h_t^d(Y) dw_t \qquad (3.62)$$

式中，F_t^d 表示国内资产的价格；β^d 表示国内资产价格变动的漂移项，其表示国内资产变动率的均值；h_t^d 表示国内资产变动的扩散项，其表示国内资本投资变动率的标准差；δ_t^d 表示国内资产的分红（在下面的分析中，我们假设 δ_t^d 为零）；Y、dw_t 和 dt 的定义同上。在这里，β^d 是内生的，其大小可以在模型中得到解释。国外资产组合的收益动态为：

$$dF_t^f = (F_t^f \beta^f - \delta_t^f) dt + F_t^f h_t^f(Y) dw_t \qquad (3.63)$$

式中，F_t^f 表示国外资产的价格；β^f 表示国外资产价格变动的漂移项，其表示国内资产变动的均值；h_t^f 表示国外资产变动的扩散项，其表示国内投资变动的标准差；δ_t^f 表示国外资产的分红；Y、dw_t 和 dt 的定义同上。在这里，需要注意的是，这种情况的国内外实物、资产投资的收益动态是以该国货币进行表示的，是一种名义收益的动态。投资者进行权衡的基础是国内外实物、资产投资的真实收益，因此，需要从名义收益中扣除来自货币的名义变化。[①] 这样，我们就需要对各国货币的发行做出假设。假设国内外的货币发行分别满足：

$$dm_t^d = \lambda_{m_t^d} dt + \pi_{m_t^d} dw_t \tag{3.64}$$

$$dm_t^f = \lambda_{m_t^f} dt + \pi_{m_t^f} dw_t \tag{3.65}$$

式中，dm_t^d 表示本国货币发行的增量；dm_t^f 表示国外货币发行的增量；$\lambda_{m_t^d}$ 表示本国货币发行的速度（这种解释可能不准确）；$\lambda_{m_t^f}$ 表示国外货币发行的速度；$\pi_{m_t^d}$ 表示本国货币发行的随机项（其大小等于本国货币发行的标准差）；$\pi_{m_t^f}$ 表示国外货币发行的随机项（其大小等于国外货币发行的标准差）。

根据上一节的结论：实际价值等于名义价值除以货币（money account）。因此，定义国内外生产投资、资产投资的真实值为：$I_t^d/m_t^d = I_t^{d,R}$，$F_t^d/m_t^d = F_t^{d,R}$，$I_t^f/m_t^f = I_t^{f,R}$，$F_t^f/m_t^f = F_t^{f,R}$。根据伊藤引理，实际国内外生产投资、资产投资的表示式如下：

$$d(I_t^d/m_t^d) = \frac{I_t^d}{m_t^d}[\alpha_{I_t^d} - \lambda_{m_t^d} - G_{I_t^d}\pi_{m_t^d} + \pi_{m_t^d}\pi_{m_t^d}]dt + \frac{I_t^d}{m_t^d}[G_{I_t^d} - \pi_{m_t^d}]dw_t$$

$$\tag{3.66}$$

$$d(F_t^d/m_t^d) = \frac{F_t^d}{m_t^d}[\beta_{I_t^d} - \lambda_{m_t^d} - H_{I_t^d}\pi_{m_t^d} + \pi_{m_t^d}\pi_{m_t^d}]dt + \frac{F_t^d}{m_t^d}[H_{I_t^d} - \pi_{m_t^d}]dw_t$$

$$\tag{3.67}$$

[①] 萨根特（Sargent，1987）证明：当货币发行的速度是既定的情况下，来自货币的变化仅仅会影响资产的名义收益，并不会影响资产的实际收益。本书式（3.6）和式（3.7）的假定就暗含了货币发行的速度是既定的。

$$\mathrm{d}(I_t^f/m_t^f) = \frac{I_t^f}{m_t^f}[\alpha_{I_t^f} - \lambda_{m_t^f} - G_{I_t^f}\pi_{m_t^f} + \pi_{m_t^f}\pi_{m_t^f}]\mathrm{d}t + \frac{I_t^f}{m_t^f}[G_{I_t^f} - \pi_{m_t^f}]\mathrm{d}w_t \quad (3.68)$$

$$\mathrm{d}(F_t^f/m_t^f) = \frac{F_t^f}{m_t^f}[\beta_{I_t^f} - \lambda_{m_t^f} - H_{I_t^f}\pi_{m_t^f} + \pi_{m_t^f}\pi_{m_t^f}]\mathrm{d}t + \frac{F_t^f}{m_t^f}[H_{I_t^f} - \pi_{m_t^f}]\mathrm{d}w_t$$

$$(3.69)$$

从式（3.66）至式（3.69）的结论中可以发现：各类投资真实值漂移项与各类投资名义值漂移项的大小是无法判断的。我们可以假设，货币发行的随机项与各类投资名义值的随机项是正相关的。我们还可以看出：各类投资漂移项的实际值等于该投资的名义值减去货币发行的漂移项和货币发行与各类投资随机项的协方差并加上货币发行的方差。另外，我们还可以发现，各类真实投资的随机项都比名义值的随机项要小，真实投资的随机项为名义投资的随机项减去货币发行的随机项，由此我们可以得出以下命题：

命题1：货币发行的波动会影响资产名义价格的波动和生产性投资名义收益的波动。货币发行的波动越大，资产名义价格的波动和生产性投资名义收益的波动也越大；货币发行的波动越小，资产名义价格的波动和生产性投资名义收益的波动也越小。

命题1的证明略。如果进一步做出假设，我们可得出命题2：

命题2：如果各类投资名义收益的波动小于货币发行的波动，则各类投资的名义收益率小于该投资的实际收益率；如果各类投资名义收益的波动大于货币发行的波动，则无法判断各类投资的名义收益率与实际收益率的差别。

命题2证明如下：

我们以式（3.6）为例进行证明：如果国内实物投资名义收益的波动小于货币发行的波动，则为：

$G_{I_t^d} > \pi_{m_t^d}$

且由 $\lambda_{m_t^d} > 0$、$\pi_{m_t^d} > 0$ 和式（3.70），我们可以证明：

$\alpha_{I_t^d} - \lambda_{m_t^d} - G_{I_t^d}\pi_{m_t^d} + \pi_{m_t^d}\pi_{m_t^d} < \alpha_{I_t^d}$

即国内实物投资的名义收益率小于该投资的实际收益率。

证毕。

为了下面的分析方便，我们定义国内生产投资实际收益率为：$\alpha_{I_t^d} - \lambda_{m_t^d} - G_{I_t^d}\pi_{m_t^d} + \pi_{m_t^d}\pi_{m_t^d} = \alpha_t^{d,R}$，其生产投资实际波动率为：$G_{I_t^d} - \pi_{m_t^d} = G_t^{d,R}$，国内资产投资实际收益为：$\beta_{I_t^d} - \lambda_{m_t^d} - H_{I_t^d}\pi_{m_t^d} + \pi_{m_t^d}\pi_{m_t^d} = \beta_t^{d,R}$，其实际波动率为：$H_{I_t^d} - \pi_{m_t^d} = H_t^{d,R}$；国外生产投资实际波动率为：$G_{I_t^f} - \pi_{m_t^f} = G_t^{f,R}$，实际收益率为：$\alpha_{I_t^f} - \lambda_{m_t^f} - G_{I_t^f}\pi_{m_t^f} + \pi_{m_t^f}\pi_{m_t^f} = \alpha_t^{f,R}$，国外资产实际波动率为：$H_{I_t^f} - \pi_{m_t^f} = H_t^{f,R}$，国外资产投资实际收益为：$\beta_{I_t^f} - \lambda_{m_t^f} - H_{I_t^f}\pi_{m_t^f} + \pi_{m_t^f}\pi_{m_t^f} = \beta_t^{f,R}$。

同样，由于是在开放条件下，各国之间实物投资和资产投资的货币形式通过汇率来体现。资本资产的流动会使汇率沿着某种路径上下波动，因此假设汇率的动态为：

$$de_t = e_t\mu_t(Y)dt + e_t\sigma_t(Y)dw_t \tag{3.70}$$

式中，e_t 表示国家之间的汇率水平；μ_t 表示汇率变动的漂移项，其表示汇率变动的一条路径；σ_t 表示汇率变动的扩散项，其可表示汇率的波动。在这一章中，虽然汇率的设定形式与第二章中的汇率设定形式是相同的，但是，这一章需要考虑货币发行情况，而各国的货币发行往往是由中央银行进行控制的，且汇率需要反映各国货币的发行，因此，μ_t、σ_t 的大小将会反映货币发行的情况。Y、dw_t 和 dt 的定义同上。则相应的国外资产组合的动态和国外实物投资的动态用汇率可以表示为：

$$d(e_tI_t^f) = e_tI_\eta[\alpha_t^{f,R}(Y) + \mu_t + \sigma_tG_t^{f,R}(Y)]dt + e_tI_\eta[G_t^{f,R}(Y) + \sigma_t]dw_t \tag{3.71}$$

$$d(e_tF_t^f) = e_tF_t^f[\beta^{f,R} + \mu_t + \sigma_th_t^{f,R}(Y)]dt + e_tF_t^f[h_t^{f,R}(Y) + \sigma_t]dw_t \tag{3.72}$$

根据上面的定义可得实际财富的动态：

$$dW = \left\{\sum a_iW(\alpha_t^{d,R} - r^d) + \sum b_iW(\beta_t^{d,R} - r^d) + \sum c_iW[\alpha_t^{f,R}(Y) + \mu_t + \sigma_tG_t^{f,R} - r^d] + \sum d_iW[\beta^{f,R} + \mu_t + \sigma_th_t^{f,R} - r^d]\right.$$

$$+ r^d W - C_t \} \mathrm{d}t + \sum a W G_{t\ i}^{d,R} \mathrm{d}w_t + \sum b_i W h_t^{d,R} \mathrm{d}w_t +$$

$$\sum c_i W [G_t^{f,R} + \sigma_t] \mathrm{d}w_t + \sum \mathrm{d}_i W [h_t^{f,R}(Y) + \sigma_t] \mathrm{d}w_t \tag{3.73}$$

式中，a_i、b_i、c_i 和 d_i 分别表示投资者把其财富分配到国内实物投资、国内资产、国外实物投资和国外资产的比例，因此，$aI + bI + cI + dI = I$。r^d 表示投资者所在国的无风险收益率。这些定义与上一章的定义相同，因此可设上式为：

$$\mathrm{d}W = WU(W)\mathrm{d}t + W\sum_i q_i \mathrm{d}w_t \tag{3.74}$$

由于仍旧是在一般均衡的框架下对资产价格进行分析，因此需要一个典型的投资者。同第二章一样，我们假设投资者的效用函数为：

$$E\int_0^T U[C(s),Y(s),s]\mathrm{d}s \tag{3.75}$$

式中，E 表示在时间 0—T 期间典型投资者效用的期望，$C(s)$ 表示投资者的消费量，积分的上限表示时间 T，其含义为投资者的预期寿命。定义边界条件为：$J(0,Y,t) = E\int_t^T U[0,Y(s),s]\mathrm{d}s$，此式的含义为投资者的消费为零时的长期效用函数的大小，且 $J(W, Y, T) = 0$。[①] 并令：$LJ + U = \varphi$，其中：

$$LJ = U(W)WJ_W + \sum U_i J_Y + \frac{1}{2}J_{WW}\sum q_i^2 + \sum WJ_{WY}\sum qs +$$

$$\frac{1}{2}\sum\sum J_{YY}\sum s_{im}s_{jm}。 \tag{3.76}$$

对上式中投资者的行为进行优化，得到随机优化一阶条件为：

$$\varphi_C = U_C - J_W = 0 \tag{3.77}$$

$$\varphi_a = (\alpha_t^{d,R} - r^d)WJ_W + [G_t^{d,R}(G_t^{d,R})'a^* + G_t^{d,R}(H_t^{d,R})'b^* + G_t^{d,R}$$

[①] 其含义为，在期末 T 投资者消费掉其所有的财富，T 时将不会有财富的剩余。

$$(G_t^{f,R} + \sigma_t)'c^* + G_t^{d,R}(H_t^{f,R} + \sigma_t)'d^*]W^2 J_{WW} + G_t^{d,R}S'WJ_{WY} = 0 \tag{3.78}$$

$$\varphi_b = (\beta_t^{d,R} - r^d)WJ_W + [H_t^{d,R}(G_t^{d,R})'a^* + H_t^{d,R}(H_t^{d,R})'b^* + H_t^{d,R}$$
$$(G_t^{f,R} + \sigma_t)'c^* + H_t^{d,R}(H_t^{f,R} + \sigma_t)'d^*]W^2 J_{WW} + H_t^{d,R}S'WJ_{WY} = 0 \tag{3.79}$$

$$\varphi_c = [\alpha_t^{f,R} + \mu_t + \sigma_t G_t^{f,R} - r^d]WJ_W + [(G_t^{f,R} + \sigma_t)(G_t^{d,R})'a^*$$
$$+ (G_t^{f,R} + \sigma_t)(H_t^{d,R})'b^* + (G_t^{f,R} + \sigma_t)(G_t^{f,R} + \sigma_t)'c^* +$$
$$(G_t^{f,R} + \sigma_t)(H_t^{f,R} + \sigma_t)'d^*]W^2 J_{WW} + (G_t^{f,R} + \sigma_t)S'WJ_{WY} = 0 \tag{3.80}$$

$$\varphi_d = [\beta_t^{f,R} + \mu_t + \sigma_t h_t^{f,R} - r^d]WJ_W + [(H_t^{f,R} + \sigma_t)(G_t^{d,R})'a^*$$
$$+ (H_t^{f,R} + \sigma_t)(H_t^{d,R})'b^* + (H_t^{f,R} + \sigma_t)(G_t^{f,R} + \sigma_t)'c^*$$
$$+ (H_t^{f,R} + \sigma_t)(H_t^{f,R} + \sigma_t)'d^*]W^2 J_{WW} + (H_t^{f,R} + \sigma_t)S'WJ_{WY} = 0 \tag{3.81}$$

同样，经济中投资者还受到以下约束：

$$a'I + c'I = I \tag{3.82}$$

$$b'I + d'I = 0 \tag{3.83}$$

$$a'I + b'I = c'I + d'I \tag{3.84}$$

从一般均衡角度分析，全球范围内证券资产的总供给量为零，因此，经济满足上两式。另外，为了维持国际收支的平衡，经济还需要满足 $a'I + b'I = c'I + d'I$。

一 货币经济中的投资收益—风险等价定理

投资者在最优化其自身福利时，将会使投资收益—风险均等化。或者说，投资行为本身使得套利机会丧失。

证明：根据以上一阶条件，可以解得：

$$\frac{(\alpha_t^{d,R} - r^d)I}{(\alpha_t^{f,R} + \mu_t + \sigma_t G_t^{f,R} - r^d)I} = \frac{G_t^{f,R} M_t^R I}{(G_t^{f,R} + \sigma_t) M_t^R I} \tag{3.85}$$

或 $(\alpha_t^{d,R} - r^d)(G_t^{f,R} + \sigma_t)I = (\alpha_t^{f,R} + \mu_t + \sigma_t G_t^{f,R} - r^d)G_t^{f,R}I \tag{3.85'}$

$$(\alpha_t^{d,R} - r^d)H_t^{d,R}M_t^R = (\beta_t^{d,R} - r^d)G_t^{d,R}M_t^R \tag{3.86}$$

第三章 带有货币的国际资产定价 | 75

$$或 (\alpha_t^{d,R} - r^d) H_t^{d,R} I = (\beta_t^{d,R} - r^d) G_t^{d,R} I \tag{3.86'}$$

$$\frac{(\alpha_t^{d,R} - r^d) I}{(\beta_t^{d,R} - r^d) I} = \frac{G_t^{d,R} I}{H_t^{d,R} I} \tag{3.87}$$

$$(\alpha_t^{d,R} - r^d)(H_t^{f,R} + \sigma_t) M_t^R = (\beta_t^{f,R} + \mu_t + \sigma_t h_t^{f,R} - r^d) G_t^{f,R} M_t^R \tag{3.88}$$

$$(\alpha_t^{f,R} + \mu_t + \sigma_t G_t^{f,R} - r^d)(H_t^{d,R} + \sigma_t) M_t^R = (\beta_t^{f,R} + \mu_t + \sigma_t h_t^{f,R} - r^d)$$
$$(G_t^{f,R} + \sigma_t) M_t^R \tag{3.89}$$

式中，$(G_t^{d,R})'a^* + (H_t^{d,R})'b^* + (G_t^{f,R} + \sigma_t)'c^* + (H_t^{f,R} + \sigma_t)'d^* = M_t^R$。

证毕。

可以看出，第二章中的投资收益—风险等价定理依然成立，在这里，投资者所面临的是真实收益率和风险之间的权衡。但是，这种权衡和无货币情况下权衡会出现对风险和收益评价的不同，我们在下面进行分析。

二 货币经济中的投资收益—风险等价与无货币经济中的投资收益—风险等价比较

我们以式（3.90）和式（2.30）为例进行对比，来分析货币经济投资收益—风险等价与无货币经济中投资收益—风险等价。其中，

$$\frac{(\alpha_t^d - r^d) I}{(\beta_t^d - r^d) I} = \frac{G_t^d M_t I}{H_t^d M_t I} \tag{2.30}$$

$$\frac{(\alpha_t^{d,R} - r^d) I}{(\beta_t^{d,R} - r^d) I} = \frac{G_t^{d,R} I}{H_t^{d,R} I} \tag{3.90}$$

式中，$G_{I_t^d} - \pi_{m_t^d} = G_t^{d,R}$，$H_{I_t^d} - \pi_{m_t^d} = H_t^{d,R}$，由于 $\pi_{m_t^d} > 0$，因此，式（2.30）等号右侧的数值小于式（3.90）等号右侧的数值。由 $\alpha_{I_t^d} - \lambda_{m_t^d} - G_{I_t^d} \pi_{m_t^d} + \pi_{m_t^d} \pi_{m_t^d} = \alpha_t^{d,R}$，$\beta_{I_t^d} - \lambda_{m_t^d} - H_{I_t^d} \pi_{m_t^d} + \pi_{m_t^d} \pi_{m_t^d} = \beta_t^{d,R}$，和 $H_{I_t^d} - \pi_{m_t^d} = H_t^{d,R}$。并由于在现实中资产收益率的波动率往往比生产收益率的波动率要高，所以，我们可以假设 $G_t^d I < H_t^d I$[①]，这样可得：$(\alpha_t^d - r^d) I < (\beta_t^d - r^d) I$，即生产投资的平均收益率小于资产投资的平均收益率。

[①] 如果做出相反的假设，结论也不会发生改变。

又因为货币发行总是存在着波动，因此 $\pi_{m_t^d}>0$，这样我们可以证明：

$$\frac{(\alpha_t^{d,R}-r^d)I}{(\beta_t^{d,R}-r^d)I} < \frac{(\alpha_t^d-r^d)I}{(\beta_t^d-r^d)I} \tag{3.91}$$

式（3.90）和式（2.30）等号左右侧的分母表示资产收益率，这样，就意味着由于货币进入到了经济中，资产超额回报（excess return）会相对于生产性投资得到某种程度的增加，同样，资产相对于生产性投资会承受更大的风险。同理，我们也可以得出国外生产性投资和资产投资在无货币经济和有货币经济中的不同，结论同样是资产的超额回报相对于生产性投资会得到提高，风险会增大。这样，我们就可以得到命题3：

命题3：当货币进入经济中并充当对价值的衡量时，投资者会更倾向于高风险的资产。

下面我们分析投资者对货币经济和非货币经济时国内投资和国外投资的差别。我们以式（2.32′）和式（3.92）为例进行比较。其中：

$$\frac{(\alpha_t^{d,R}-r^d)I}{(\beta_t^{f,R}+\mu_t+\sigma_t h_t^{f,R}-r^d)I} = \frac{G_t^{d,R}M_t^R}{(H_t^{f,R}+\sigma_t)M_t^R} \tag{3.92}$$

或

$$\frac{(\alpha_t^d-r^d)I}{(\beta_t^f+\mu_t+\sigma_t h_t^f-r^d)I} = \frac{G_t^d M_t I}{(H_t^f+\sigma_t)M_t I} \tag{2.32′}$$

其中，$G_{I_t^d}-\pi_{m_t^d}=G_t^{d,R}$，$H_{I_t^f}-\pi_{m_t^f}=H_t^{f,R}$，如果 $\pi_{m_t^d}=\pi_{m_t^f}$，则可以得出式（3.92）等号右侧小于式（2.32′）等号右侧。由此我们可以得到：

$$\frac{G_t^d M_t I}{(H_t^f+\sigma_t)M_t I} > \frac{G_t^{d,R}M_t^R}{(H_t^{f,R}+\sigma_t)M_t^R} \tag{3.93}$$

这样我们得到命题4：

命题4：当汇率的波动不改变并且各国货币发行的波动是一致的情况下，投资者会更倾向于国外的投资。

根据上面两个命题，可以认为，由于货币进入到经济，货币不但使投资者更加倾向于资产性的投资，而且还使投资者倾向于国际化投资。

上面的分析是基于各国货币发行的随机项是彼此相等时得到的结论。下面我们分析货币发行的随机项彼此不相等的情况下投资者的最优行为。我们假设投资者在全球的范围内配置其资产（并不进行生产性投资），如果在一个无货币的经济中，其国内资产和国外资产的配置满足：

$$\frac{(\beta_t^d - r^d)I}{(\beta^f + \mu_t + \sigma_t h_t^f - r^d)I} = \frac{H_t^d M_t I}{(H_t^f + \sigma_t)M_t I} \tag{3.94}$$

如果在一个有货币的经济中，其国内资产和国外资产的配置满足：

$$\frac{(\beta_t^{d,R} - r^d)I}{(\beta^{f,R} + \mu_t + \sigma_t h_t^{f,R} - r^d)I} = \frac{H_t^{d,R} M_t I}{(H_t^{f,R} + \sigma_t)M_t I} \tag{3.95}$$

在货币经济中，国内货币发行和国外货币发行的随机项是不相等的，即 $\pi_{m_t^d} \neq \pi_{m_t^f}$。下面我们结合图形进行分析。当经济中没有货币，投资者在全球范围内进行资产配置，这时他会通过汇率把国外资产的收益率和风险水平转化为用本国资产的收益率和风险水平，在这里，我们把国内资产的收益率和风险水平作为基准（benchmark）来衡量总资产的收益率和风险水平。投资者会发现，他在一个具有所有资产的市场中进行自身资产的配置。与此同时，他所关心的无风险收益率也是本国的无风险收益率，这时他的资产配置将会达到图 3-1 中的 E 点。另外，由于经济中不存在货币，这意味着：

$$\frac{(\beta_t^{d,R} - r^d)I}{(\beta^{f,R} + \mu_t + \sigma_t h_t^{f,R} - r^d)I} = \frac{(\beta_t^d - r^d)I}{(\beta^f + \mu_t + \sigma_t h_t^f - r^d)I} \tag{3.96}$$

由于经济中出现了货币，这样，他的资产配置将会发生变化。当

$$\frac{H_t^d M_t I}{(H_t^f + \sigma_t)M_t I} > \frac{\pi_{m_t^d}}{\pi_{m_t^f}} \tag{3.97}$$

这样就会得到：

$$\frac{H_t^d M_t I}{(H_t^f+\sigma_t)M_t I} > \frac{H_t^{d,R} M_t I}{(H_t^{f,R}+\sigma_t)M_t I} \tag{3.98}$$

即当货币进入到经济时,且国内货币发行和国外货币发行的随机项之比小于无货币经济中国内资产超额收益和国外资产超额收益比时投资者会倾向于在国外配置资产。在图 3-1 中就表示为：投资者会沿着市场线把均衡点从 E 点上升到 B 点。即投资者会更倾向于高风险—高收益的国内资产和国外资产。

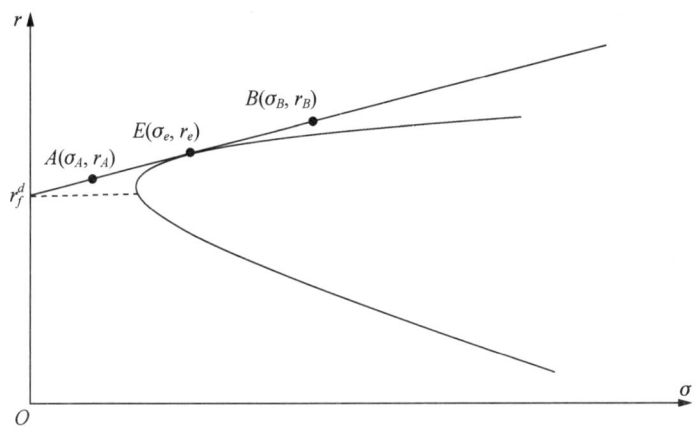

图 3-1　货币经济和无货币经济资产配置比较

当 $\dfrac{H_t^d M_t I}{(H_t^f+\sigma_t)M_t I} < \dfrac{\pi_{m_t^d}}{\pi_{m_t^f}}$ \hfill (3.99)

这样就会得到：

$$\frac{H_t^d M_t I}{(H_t^f+\sigma_t)M_t I} < \frac{H_t^{d,R} M_t I}{(H_t^{f,R}+\sigma_t)M_t I} \tag{3.100}$$

即当货币进入到经济时,且国内货币发行和国外货币发行的随机项之比大于无货币经济中国内资产超额收益和国外资产超额收益比时,投资者会倾向于在国内配置资产。在图 3-1 中就表示为投资者会沿着市场线把均衡点从 E 点下降到 A 点。即投资者会更倾向于低风险—低收益的国内资产和国外资产。

三　相对风险溢价——对风险溢价之谜的解释

"风险溢价之谜"（risk premium puzzle）：由于消费增长是非常

平滑的,在利用卢卡斯(1978)得到的资产定价公式应用到实际时,风险回避系数必须取非常大的值,远远超过合理的范围。这意味着风险资产的溢价水平很高,梅拉和普雷斯科特(1985)将这种反常现象称为"风险溢价之谜"。从梅拉和普雷斯科特(1985)提出"风险溢价之谜"之后,大量的工作(包括修改经典的效用函数,引入交易成本、贷款约束、流动性约束、税收约束等投资约束,非系统风险)试图来解释这个谜,但是,直到今天,这仍旧是一个谜。有关资产定价领域关于风险酬金之谜研究的文献,可以参考 Kocherlakota(1996)、梅拉和普雷斯科特(2003)的文献。下面我们用上面的分析结果来对风险溢价做出一个解释。

从上面的式子中,我们可以分析货币经济中为什么存在分析溢价,其中,$(\beta_t^d - r^d)$ 为无货币经济中的国内资产风险溢价,$(\beta_t^{d,R} - r^d)$ 为货币经济中的国内资产风险溢价。定义 $\dfrac{(\beta_t^{d,R} - r^d) \, I}{(\alpha_t^{d,R} - r^d) \, I}$ 为货币经济中的国内资产相对风险溢价,其为国内资产的风险溢价除以国内生产投资的净收益率 $(\alpha_t^{d,R} - r^d)$。同理,我们定义 $\dfrac{(\beta_t^d - r^d) \, I}{(\alpha_t^d - r^d) \, I}$ 为无货币经济中的国内资产相对风险溢价,可以看出,有货币经济的相对风险溢价大于无货币经济的相对风险溢价。在梅拉和普雷斯科特(1985),曼基夫和泽尔德斯(Mankiw and Zeldes, 1991),布朗、戈茨曼和史蒂芬(Brown, Goetzmann and Stephen, 1995),拉维和威尔伯(Ravi and Wilbur, 1996),坎贝尔(1999),乔里昂和戈茨曼(Jorion and Goetzmann, 1999)关于风险溢价的工作中,其考察的往往是货币经济中的风险溢价,如果在货币经济与无货币经济中,生产投资的净收益率都相等[①],那么我们会发现,货币经济中的资产风险溢价明显高于无货币经济中的资产风险溢价;换句话说,由于现实世界是一个有货币的

[①] 这个假设成为可能,货币的中性保证了货币发行并不会影响实际生产,资本的边际产出不会受到货币发行的影响,因此,生产投资的净收益率(资本的边际产出)在这两种经济中是相等的。

经济，因此，资产的风险溢价总是偏高的。这就是前人发现资产风险溢价较高的原因。如果经济是处于一个无货币的经济中（金本位时期的情况会比较接近这种状况），我们很可能会发现，资产的风险溢价不会那么高。这种现象得到了前人的实证的证实。①

四 最优组合

我们分析在有货币的经济中，投资者的投资组合，我们用第二个一阶条件和约束来求解投资者的资产配置，则令：

$$\begin{pmatrix} (\beta_t^{d,R} - r^d) W J_W + H_t^{d,R} S' W J_{WY} \\ -I \\ 0 \\ 0 \end{pmatrix} = M \quad (3.101)$$

$$\begin{pmatrix} H_t^{d,R}(G_t^d)' W^2 J_{WW} & H_t^{d,R}(H_t^{d,R})' W^2 J_{WW} & H_t^{d,R}(G_t^{f,R}+\sigma_t)' W^2 J_{WW} & H_t^{d,R}(H_t^{f,R}+\sigma_t)' W^2 J_{WW} \\ I & 0 & I & 0 \\ 0 & I & 0' & I \\ I' & I & -I & -I \end{pmatrix}$$

$$= K \quad (3.102)$$

$$\text{和} (a \quad b \quad c \quad d) = E^T \quad (3.103)$$

由一阶条件和约束条件上式可为：$M + KE = 0$。另外，可以看出，K是可逆的，所以可得：$E = -K^{-1}M$。② 解得投资者的组合分别为：

---

① 梅拉和普雷斯科特（1985）的实证也证实了美国在金本位时期的风险溢价要小于美元本位时期的风险溢价，在金本位时期（1898—1918 年），年平均风险溢价是 2.78%，而在美元本位时期（1939—1978 年），年平均风险溢价是 8.11%。乔里昂和戈茨曼（1999）发现，美国在 1871—1920 年，资产的收益率是 5.53%；在 1921—1995 年，资产的收益率是 8.22%。德国在 1921—1944 年，年平均风险溢价是 2.33%；在 1950—1996 年，年平均风险溢价是 6.00%。日本在 1921—1944 年，年平均风险溢价是 -0.34%，在 1949—1996 年，年平均风险溢价是 5.32%。而且他们还发现，丹麦、德国、瑞典、瑞士、美国在 1921—1995 年的资产风险溢价小于 1970—1995 年的资产风险溢价，这样，也可以间接地证实金本位时期的资产风险溢价小于纸币本位时期的风险溢价。

② 具体计算参见本章附录 I。

$$a^* = -\frac{\{H_t^{d,R}K_t^R\}^{-1}}{W^2 J_{WW}}\Omega_t - \frac{(K_t^R)^{-1}[(H_t^{d,R})' + 2(G_t^{f,R}+\sigma_t)' - (H_t^{f,R}+\sigma_t)']}{2}$$

(3.104)

$$b^* = \frac{\{H_t^{d,R}K_t^R\}^{-1}}{W^2 J_{WW}}\Omega_t + \frac{(K_t^R)^{-1}[G_t^{d,R} + (G_t^{f,R}+\sigma_t)']}{2} \quad (3.105)$$

$$c^* = \frac{\{H_t^{d,R}K_t^R\}^{-1}}{W^2 J_{WW}}\Omega_t + \frac{(K_t^R)^{-1}[2G_t^{d,R} - (H_t^{d,R})' + (H_t^{f,R}+\sigma_t)']}{2}$$

(3.106)

$$d^* = -\frac{\{H_t^{d,R}K_t^R\}^{-1}}{W^2 J_{WW}}\Omega_t - \frac{(K_t^R)^{-1}[G_t^{d,R} + (G_t^{f,R}+\sigma_t)']}{2} \quad (3.107)$$

其中，$(G_t^{d,R})' - (H_t^{d,R})' - (G_t^{f,R})' + (H_t^{f,R})' = K_t^R$

$(\beta_t^{d,R} - r^d)WJ_W + H_t^{d,R}S'WJ_{WY} = \Omega_t$

$\alpha_{I_t^d} - \lambda_{m_t^d} - G_{I_t^d}\pi_{m_t^d} + \pi_{m_t^d}\pi_{m_t^d} = \alpha_t^{d,R}, \quad G_{I_t^d} - \pi_{m_t^d} = G_t^{d,R};$

$\beta_{I_t^d} - \lambda_{m_t^d} - H_{I_t^d}\pi_{m_t^d} + \pi_{m_t^d}\pi_{m_t^d} = \beta_t^{d,R}, \quad H_{I_t^d} - \pi_{m_t^d} = H_t^{d,R};$

$\alpha_{I_t^f} - \lambda_{m_t^f} - G_{I_t^f}\pi_{m_t^f} + \pi_{m_t^f}\pi_{m_t^f} = \alpha_t^{f,R}, \quad G_{I_t^f} - \pi_{m_t^f} = G_t^{f,R};$

$\beta_{I_t^f} - \lambda_{m_t^f} - H_{I_t^f}\pi_{m_t^f} + \pi_{m_t^f}\pi_{m_t^f} = \beta_t^{f,R}, \quad H_{I_t^f} - \pi_{m_t^f} = H_t^{f,R}$。

从式（3.102）至式（3.103）中，可以看出，在有货币的经济中，投资者的资产配置形式与没有货币的经济中投资者资产配置的形式是一样的。由于要考虑货币的因素，货币经济时的投资者所面对的生产、资产、汇率的参数很可能与无货币经济时的投资者所面临的参数是不同的。在下面的例子中，我们将会使用式（3.102）至式（3.105）进行数值模拟。

五 带有货币的动态利率平价定理

在各国基准利率是随机的情况下，汇率的调整将不仅取决于各国的基准利率差，还取决于各国实物投资波动、汇率波动的相互影响（即它们之间的协方差）和累积的实物投资、汇率波动与投资者的财富—状态风险厌恶系数的乘积。

证明：由一阶条件

$$\varphi_a = (\alpha_t^{d,R} - r^d)WJ_W + [G_t^{d,R}(G_t^{d,R})'a^* + G_t^{d,R}(H_t^{d,R})'b^*$$

$$+ G_t^{d,R}(G_t^{f,R} + \sigma_t)'c^* + G_t^{d,R}(H_t^{f,R} + \sigma_t)'d^*]$$

$$W^2 J_{WW} + G_t^{d,R} S' W J_{WY} = 0$$

$$\Rightarrow r^d = \alpha_t^{d,R} + G_t^{d,R} se(W) W \frac{J_{WW}}{J_W} + G_t^{d,R} se(Y) \frac{J_{WY}}{J_W} \quad (3.108)$$

同理可得：

$$\varphi_c = [\alpha_t^{f,R} + \mu_t + \sigma_t G_t^{f,R} - r^d] W J_W + [(G_t^{f,R} + \sigma_t)(G_t^{d,R})'a^*$$
$$+ (G_t^{f,R} + \sigma_t)(H_t^{d,R})'b^* + (G_t^{f,R} + \sigma_t)(G_t^{f,R} + \sigma_t)'c^*$$
$$+ (G_t^{f,R} + \sigma_t)(H_t^{f,R} + \sigma_t)'d^*] W^2 J_{WW} + (G_t^{f,R} + \sigma_t) S' W J_{WY} = 0$$

$$\Rightarrow [\alpha_t^{f,R} + \mu_t + \sigma_t G_t^{f,R}] W J_W + [(G_t^{f,R} + \sigma_t)(G_t^{d,R})'a^* +$$
$$(G_t^{f,R} + \sigma_t)(G_t^{f,R} + \sigma_t)'c^*] + (G_t^{f,R} + \sigma_t) S' W J_{WY} = r^d W J_W$$

即 $r^d = (\alpha_t^{f,R} + \mu_t + \sigma_t G_t^{f,R}) + (G_t^{f,R} + \sigma_t)\left[se(W)\frac{W J_{WW}}{J_W} + se(Y)\frac{J_{WY}}{J_W}\right]$

$$(3.109)$$

令 $\left[se(W)\frac{W J_{WW}}{J_W} + se(Y)\frac{J_{WY}}{J_W}\right] = M$，则上式变为：

$$r^d = \alpha_t^{d,R} + G_t^{d,R} M \quad (3.110)$$

$$r^d = (\alpha_t^{f,R} + \mu_t + \sigma_t G_t^{f,R}) + (G_t^{f,R} + \sigma_t) M \quad (3.111)$$

$$\alpha_t^{d,R} - \alpha_t^{f,R} = \mu_t + \sigma_t G_t^{f,R} + (G_t^{f,R} + \sigma_t - G_t^{d,R}) M \quad (3.112)$$

另外，由 $\varphi_C = U_C - J_W = 0$，则 $\frac{\partial C}{\partial W} U_{CC} = J_{WW}$，$\frac{\partial C}{\partial Y} U_{CC} = J_{WY}$，因此定义 M 为投资者的财富—状态风险厌恶系数。

对此，令 α_t^d 表示国内的基准利率，因为 α_t^d 表示国内资本的边际产出率，在均衡时，α_t^d 表示国内的利率水平。同样，α_t^f 也表示国外的基准利率。可见，汇率的变化趋势 (μ_t) 不仅取决于各国的基准利率差，还取决于各国实物投资波动、汇率波动的相互影响（即它们之间的协方差 $\sigma_t G_t^f$）和累积的实物投资、汇率波动 ($G_t^f + \sigma_t - G_t^d$) 与投资者的财富—状态风险厌恶系数 (M) 的乘积。

汇率的利率平价理论告诉我们：在确定性条件下，两国之间的远期汇率水平取决于两国之间的利率差。在我们的动态利率平价定理中，如果汇率没有波动，即 $\sigma_t = 0$；并且国内外的资本边际产出率也没有波动时，即 $G_t^f = G_t^d = 0$，这样，就能很自然地推导出传统的汇率的利率平价理论。在这个动态利率平价定理中，可以看出，影响汇率的不仅有两国之间的基准利率差、资本的边际产出波动，还有经济人的风险厌恶水平和汇率自身的波动率。从我们的分析中可以看出，传统的利率平价理论在随机的情况下很难成立，其成立的条件为：

$$\sigma_t G_t^f = -(G_t^f + \sigma_t - G_t^d)M \tag{3.113}$$

在现实中，式（3.113）很难成立，当国外的生产性投资的波动变大时，汇率的波动也会变大，由此我们可知：$\sigma_t G_t^f > 0$，但是，我们就很难判断式（3.113）等号右侧的大小和符号了。由此可见，在使用确定性的利率平价理论解释现实汇率时，由这种理论得出的结果往往与现实不符（那为什么不试试这个定理呢?!）。

六 一个例子

下面我们对上面的结论给出一个具体的例子来表达上面的分析。

在数值模拟分析中，我们仍用第二章的数值模拟所做的假设：存在国内的实物资产、资产投资和国际的实物资产、资产投资，典型投资者的投资行为是为了自身的财富最大化，投资者能够自由地在国内外进行投资。但是，在这里又多出了一个货币发行的因素，因为所有的资产都是用资产所在国的货币进行标价的，然后再通过汇率进行转换。我们假设投资者所关注的是：用本国货币衡量的财富水平，其投资的选择是使自身的财富水平和风险水平达到最优。我们的数值模拟将模拟 10000 次。并设定相对风险厌恶系数为 1.8[①]；无风险资产收益率为 0.00008；国内实物投资的名义收益率为 0.0008，国外实物投资的名义收益率为 0.0018，国内资产投资的名义收益率为 0.002，国外资产的名义收益率为 0.004，汇率波动的

---

① 由于在货币经济中，投资者会倾向于更高风险的投资，因此，我们降低投资者的相对风险厌恶系数。

均值为 0；国内名义实物投资波动的标准差为 0.05，国外名义实物投资波动的标准差为 0.06，国内名义资产波动的标准差为 0.08，国外名义资产波动的标准差为 0.05，汇率波动的标准差为 0.0005。这些假设与第二章数值模拟的假设基本是一致的，在这里，我们主要分析货币发行的不同是怎样影响资产最优配置的。我们假设国内外的货币发行速度的平均值为零，国内发行货币速度的标准差为 0.00001，国外货币发行速度的标准差为 0.00002，可见，国外货币发行的波动较大，因此，一个理性的投资者会根据这个情况对自己的资本配置进行调整并经过数值模拟，我们可以得到的结果如图 3-2 所示。（具体计算程序参考本章附录）

　　从图 3-2 的结果，我们可以看出：在最优财富分配后，这个投资者的财富收益率为 0.00081，投资者财富的波动为 0.069。计算可得财富的配置如下：国内实物资产的投资比重为 15.3%，国外实物投资的比重为 84.7%。另外，这个投资者需要在国外的资本市场中卖空 34.68% 的资产，并把这 34.68% 的资产用于国内的风险资产投资。这是因为，当有货币发行时，各国的实物投资和资产投资的收益率水平和波动水平都会受到货币发行的影响，我们看到，即使没有更多的货币发行，仅仅是货币发行有一定的波动，各国真实的实物投资和资产投资的收益率和波动都会发生巨大的改变。虽然名义的收益率和标准差都与第二章的假设是一致的，但是，投资者进行资产最优配置的根据建立在各投资变量的实际值上，因此，投资者会根据各国货币的发行把名义值转化为实际值。转化的具体实际值为：国内实物投资的实际收益率为 0.000799，国外实物投资的实际收益率为 0.0017988，国内资产投资的实际收益率为 0.00199，国外资产的实际收益率为 0.003999；国内实际实物投资波动的标准差为 0.04999，国外实际实物投资波动的标准差为 0.05998。投资者是根据以上实际值进行资产配置的。

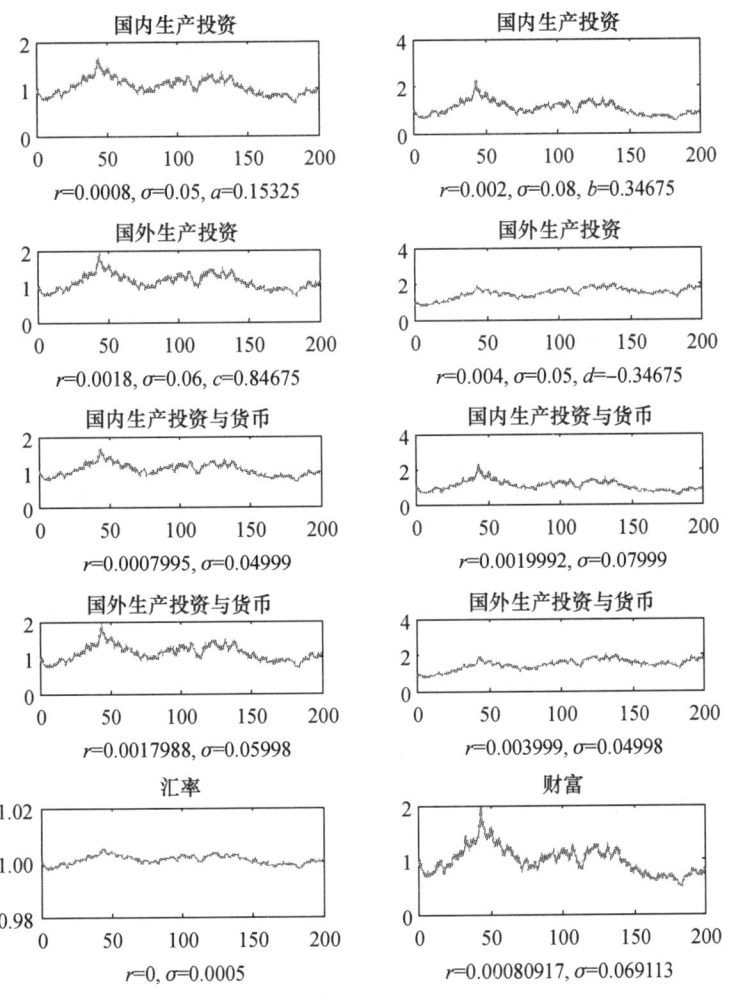

图3-2 货币经济中投资者的最优国内外实物投资
收益率、国内外资产投资收益率、汇率变化与财富变化

附录 I

由 $dV_t^d = d(G_t^d m_t^d)$ 定义的真实价格,我们从式(3.29)、式(3.30)和式(3.31)、式(3.32)中可以得出:

$$\sigma_{G_t^d} = (\sigma_{V_t^d} - \sigma_{M_t^d} V_t^d / m_t^d) / m_t^d \tag{A1}$$

$$\mu_{G_t^d} = [\mu_{V_t^d} - \sigma_{G_t^d}\sigma_{m_t^d} - (\mu_{m_t^d}V_t^d/m_t^d)]/m_t^d \quad (A2)$$

$$\sigma_{G_t^f} = (\sigma_{V_t^f} - \sigma_{M_t^f}V_t^f/m_t^f)/m_t^f \quad (A3)$$

$$\mu_{G_t^f} = [\mu_{V_t^f} - \sigma_{G_t^f}\sigma_{m_t^f} - (\mu_{m_t^f}V_t^f/m_t^f)]/m_t^f \quad (A4)$$

由伊藤引理，得出的 $d(V_t^d/m_t^d) = dG_t^d$、$d(V_t^f/m_t^f) = dG_t^f$ 为：

$$d(V_t^d/m_t^d) = \frac{V_t^d}{m_t^d}\left[\frac{\mu_{V_t^d}}{V_t^d} - \frac{\mu_{m_t^d}}{m_t^d} - \frac{\sigma_{V_t^d}\sigma_{m_t^d}}{V_t^d m_t^d} + \frac{\sigma_{m_t^d}\sigma_{m_t^d}}{(m_t^d)^2}\right]dt +$$

$$\frac{V_t^d}{m_t^d}\left[\frac{\sigma_{V_t^d}}{V_t^d} - \frac{\sigma_{m_t^d}}{m_t^d}\right]dw_t \quad (A5)$$

和

$$d(V_t^f/m_t^f) = \frac{V_t^f}{m_t^f}\left[\frac{\mu_{V_t^f}}{V_t^f} - \frac{\mu_{m_t^f}}{m_t^f} - \frac{\sigma_{V_t^f}\sigma_{m_t^f}}{V_t^f m_t^f} + \frac{\sigma_{m_t^f}\sigma_{m_t^f}}{(m_t^f)^2}\right]dt +$$

$$\frac{V_t^f}{m_t^f}\left[\frac{\sigma_{V_t^f}}{V_t^f} - \frac{\sigma_{m_t^f}}{m_t^f}\right]dw_t \quad (A6)$$

对式（A5）伊藤过程的扩散项 $\frac{V_t^d}{m_t^d}\left[\frac{\sigma_{V_t^d}}{V_t^d} - \frac{\sigma_{m_t^d}}{m_t^d}\right]$ 定义为 $\sigma_{G_t^d}$，可以得出该扩散项为：$\sigma_{G_t^d} = (\sigma_{V_t^d} - \sigma_{M_t^d}V_t^d/m_t^d)/m_t^d$，即式（A1）；同样，对式（A5）伊藤过程的趋势项定义为 $\mu_{G_t^d}$，并把 $\sigma_{G_t^d} = (\sigma_{V_t^d} - \sigma_{M_t^d}V_t^d/m_t^d)/m_t^d$ 代入式（A5）中的趋势项中，可以得到：$\mu_{G_t^d} = [\mu_{V_t^d} - \sigma_{G_t^d}\sigma_{m_t^d} - (\mu_{m_t^d}V_t^d/m_t^d)]/m_t^d$，即式（A2）。同理，可以证明式（A6）伊藤过程的扩散项与式（A3）等价，式（A6）伊藤过程的趋势项与式（A4）等价。

附录 II

当有货币发行时，资产选择是最优时，国内外实物投资收益率、国内外资产投资收益率、汇率变化、财富变化程序。

% using the same Wiener process W for each

% w wealth growth rate

% sigmaw wealth volatility rate

N = 10000；

第三章 带有货币的国际资产定价

```
T = 200;
t = (0:1:N)'/N;         % t is the column vector [0 1/N 2/N···1]
W = [0;cumsum(randn(N,1))]/sqrt(N);% S is running sum of N(0,
1/N) variables
t = t * T;
W = W * sqrt(T);
dp = 0.0008;            % domestic production investment growth rate
fp = 0.0018;            % foreign production investment growth rate
da = 0.002;             % domestic asset investment growth rate
fa = 0.003;             % foreign asset investment growth rate
e = 0;                  % exchange rate growth rate
sigmadp = 0.05;         % domestic production volatility rate
sigmafp = 0.06;         % foreign production t volatility rate
sigmada = 0.08;         % domestic asset volatility rate
sigmafa = 0.05;         % foreign asset volatility rate
sigmae = 0.0005;        % exchange rate volatility rate
r = 0.00008;            % riskless asset return rate
q = -1.8;               % relative risk aversion coefficient
% a;                    % proportion of wealth invested in domestic production
% b;                    % proportion of wealth invested in foreign production
% c;                    % proportion of wealth invested in domestic asset
% d;                    % proportion of wealth invested in foreign asset
% rdp;                  % true domestic production investment growth rate
% rfp;                  % true foreign production investment growth rate
% rda;                  % true domestic asset investment growth rate
% rfa;                  % true foreign asset investment growth rate
% sigmardp;             % true domestic production volatility rate
% sigmarfp;             % true foreign production t volatility rate
```

% sigmarda;   % true domestic asset volatility rate
% sigmarfa;   % true foreign asset volatility rate
% lembdadm;   % domestic money supply growth rate
% lembdafm;   % domestic money supply growth rate
% pidm;   % domestic money supply volatility rate
% pifm;   % domestic money supply volatility rate
% ex;   % exchange rate - term by theory
lembdadm =
lembdafm =
pidm =
pifm =
rdp = dp - lembdadm - sigmadp * pidm + pidm * pidm
rda = da - lembdadm - sigmada * pidm + pidm * pidm
rfp = fp - lembdafm - sigmafp * pifm + pifm * pifm
rfa = fa - lembdafm - sigmafa * pifm + pifm * pifm
sigmardp = sigmadp - pidm
sigmarda = sigmada - pidm
sigmarfp = sigmafp - pifm
sigmarfa = sigmafa - pifm
K = sigmadp - sigmada - sigmafp + sigmafa
Km = sigmardp - sigmarda - sigmarfp + sigmarfa
Omega = da - r
Omegam = rda - r
a = - (Omega * q)/(sigmadp * K) - ((sigmada + 2 * (sigmafp + sigmae)) - (sigmafa + sigmae))/(2 * K)
b = (Omega * q)/(sigmadp * K) + (sigmadp + (sigmafp + sigmae))/(2 * K)
c = (Omega * q)/(sigmadp * K) + (2 * sigmadp + (sigmafa + sigmae) - sigmada)/(2 * K)

$d = -(\text{Omega} * q)/(\text{sigmadp} * K) - (\text{sigmadp} + (\text{sigmafp} + \text{sigmae}))/(2 * K)$

$am = -(\text{Omegam} * q)/(\text{sigmardp} * Km) - ((\text{sigmarda} + 2 * (\text{sigmarfp} + \text{sigmae})) - (\text{sigmarfa} + \text{sigmae}))/(2 * Km)$

$bm = (\text{Omegam} * q)/(\text{sigmardp} * Km) + (\text{sigmardp} + (\text{sigmarfp} + \text{sigmae}))/(2 * Km)$

$cm = (\text{Omegam} * q)/(\text{sigmardp} * Km) + (2 * \text{sigmardp} + (\text{sigmarfa} + \text{sigmae}) - \text{sigmada})/(2 * Km)$

$dm = -(\text{Omegam} * q)/(\text{sigmardp} * Km) - (\text{sigmardp} + (\text{sigmarfp} + \text{sigmae}))/(2 * Km)$

$wm = am * (rdp - r) + bm * (rda - r) + cm * (rfp + e + \text{sigmae} * \text{sigmarfp} - r) + dm * (rfa + e + \text{sigmae} * \text{sigmarfa} - r) - r$

$\text{sigmawm} = am * \text{sigmardp} + bm * \text{sigmarda} + cm * (\text{sigmarfp} + \text{sigmae}) + dm * (\text{sigmarfa} + \text{sigmae})$

$ex = e + \text{sigmae} * \text{sigmafp} + (\text{sigmafp} + \text{sigmae} - \text{sigmdp}) * \text{std}(w) * q$

R = [dp da fp fa rdp rda rfp rfa e wm];

Alpha = [sigmadp sigmada sigmafp sigmafa sigmardp sigmarda sigmarfp sigmarfa sigmae sigmawm];

clf

for k = 1:10,

r = R(k);

alpha = Alpha(k);

subplot(5,2,k)

Y = (r - (alpha^2)/2) * t + alpha * W;

X = exp(Y);

plot(t,X);   % plot the path

hold on

subplot(5,2,1);

title('domestic production investment');

```
xlabel(['r =' num2str(dp)',\sigma =' num2str(sigmadp)])
subplot(5,2,2);
title('domestic asset investment');
xlabel(['r =' num2str(da)',\sigma =' num2str(sigmada)])
subplot(5,2,3);
title('foreign production investment');
xlabel(['r =' num2str(fp)',\sigma =' num2str(sigmafp)])
subplot(5,2,4);
title('foreign asset investment');
xlabel(['r =' num2str(fa)',\sigma =' num2str(sigmafa)])
subplot(5,2,5);
title('domestic production investment with money');
xlabel(['r =' num2str(rdp)',\sigma =' num2str(sigmardp)])
subplot(5,2,6);
title('domestic asset investment with money');
xlabel(['r =' num2str(rda)',\sigma =' num2str(sigmarda)])
subplot(5,2,7);
title('foreign production investment with money');
xlabel(['r =' num2str(rfp)',\sigma =' num2str(sigmarfp)])
subplot(5,2,8);
title('foreign asset investment with money');
xlabel(['r =' num2str(rfa)',\sigma =' num2str(sigmarfa)])
subplot(5,2,9);
title('exchange rate');
xlabel(['r =' num2str(e)',\sigma =' num2str(sigmae)])
subplot(5,2,10);
title('wealth');
xlabel(['r =' num2str(wm)',\sigma =' num2str(sigmawm)])
end
```

第四章 一般均衡：国际资产均衡价格存在性与唯一性

基于消费的资本资产定价模型（CCAPM）是在跨期资本资产定价模型（ICAPM）的基础上建立起来的，该模型说明，一个典型的消费者在一定产出水平的前提下，如何进行资产组合才能满足自身的长期效用函数最大化。因此，CCAPM将早先的CAPM模型纳入一般均衡的框架。在这一章，我们对国际资产均衡价格的存在性与唯一性进行证明，最后通过一阶条件得出国际资产定价的形式。对存在性与唯一性的证明是利用压缩不动点定理进行的。

第一节 模型

假设存在一个典型的代表性消费者，其对消费序列 $\{C_t\}_{t=0}^{\infty}$ 进行选择，其消费偏好如下：

$$E_0\left\{\sum_0^{\infty}\beta^t U(C_t)\right\} \qquad 0<\beta<1 \qquad (4.1)$$

假设消费者对阿罗—德布鲁证券进行选择，因为消费者对未来证券的不同状态进行选择，设第 t 期的状态为 s_t，$s_t \in S \subset R^m$，m 表示不同内生状态的个数；禀赋 y 表示状态的函数；并像卢卡斯（1978）中，假设转移概率方程 F 遵循一阶马尔科夫过程，并假设 S 是一个有界闭集（紧集），则 F 满足：$F: S \times S \rightarrow [0, 1]$。并对

F 的性质假设[①]：

假设1：转移方程概率 F 满足费勒（Feller）性质，任何有界连续函数 $h: S \to R$，方程 $Th(s) = \int_S h(s')F(s,ds')$ 是连续的，由 F 定义的过程存在稳定的概率分布 Φ。

假设2：效用函数满足：$U: S \to R_+$ 是连续可微、有界递增的严格凹函数，且满足 $U(0) = 0$，$\lim_{c \to 0} U'(c) \to \infty$。

消费者是在开放条件下通过配置自身的资产以使式（4.1）最大，在此情况下，消费者面对的就不是封闭条件下的约束。假设消费者可以随意地配置自身的国内和国外证券与债券，设在第 t 期，消费者有 z_t^d 和 z_t^f 单位的国内和国外有价证券数量，q_t^d 和 q_t^f 表示在第 t 期国内和国外的有价证券价格，且在第 t 期，消费者购买的每份国内和国外有价证券为其带来 y_t^d 和 y_t^f 单位的分红。在开放条件下，消费者可以配置不同国家的资产，因此，上面的有价证券包括所有的有价证券；同时，在债券市场上，消费者也面临着不同的债券，设第 t 期的国内债券为 b_t^d，国外债券为 b_t^f，这些债券在第 t 期以一单位的该国货币单位卖出，Q_t^d 和 Q_t^f 分别为第 t 期时，规定在第 $t+1$ 期时国内债券和国外债券的价格，汇率为 e_t。在此情况下，消费者的约束为：

$$c_t + q_t^d z_{t+1}^d + Q_t^d b_{t+1}^d + e_{t+1}(q_t^f z_{t+1}^f + Q_t^f b_{t+1}^f) \leq (y_t^d + q_t^d)z_t^d + e_t(y_t^f + q_t^f)z_t^f + b_t^d + e_t b_t^f \quad t = 0, 1, \cdots \tag{4.2}$$

定义递归均衡如下：

假设在国内和国外的证券市场已经存在大量不同的有价证券，新发行的有价证券不影响消费者的资本配置，因此，当 t 趋于无穷时，可以标准化有价证券市场，使 $z_{t+1}^d + z_{t+1}^f = 1$、$b_{t+1}^d = 0$ 和 $b_{t+1}^f = 0$，并假设该国的进出口是平衡的，因此，$c_t = y_t^d$。消费者在满足条

[①] Altug Sumru and Labadie Pamela, *Dynamic Choice and Asset Markets*, Academic Press, 1994.

件式 (4.2) 时，最大化式 (4.3)。

$$v(z,b,e,s) = \max_{c,z',b'}\{U(c) + \beta\int_S v(z',b',e',s')F(s,\mathrm{d}s')\} \quad (4.3)$$

s.t.

$$c + q^{d'}z^{d'} + Q^{d'}b^{d'} + e'(q^{f'}z^{f'} + Q^{f'}b^{f'}) \leq (y^d + q^d)z^d + e(y^f + q^f)z^f + b^d + eb^f \quad (4.4)$$

$$c \geq 0, \ z' \in Z, \ b' \in B, \ e' \in E \quad (4.5)$$

定理 1：在满足假设 1、假设 2 的情况下，由递归方程式 (4.3) 定义的泛函方程，存在一个唯一的解：$v^*: C(S) \to C(S)$，且方程 v^* 为递增的凹函数。其中，$C(S)$ 为具有上确界范数的有界连续函数 $\{f: S \to R\}$ 空间。

第二节 资产均衡价格存在性与唯一性

一 存在映射到同一个 C(S) 空间的算子 T

因为 $v \in C(S)$，所以，在满足约束条件式 (4.3) 和条件式 (4.4) 的情况下，可以定义算子 T 为：

$$(Tv)(z,b,e,s) = \max_{c,z',b'}\{U(c) + \beta\int_S v(z',b',e',s')F(s,\mathrm{d}s')\}$$

由于 $c \geq 0, \ z' \in Z, \ b' \in B, \ e' \in E$，所以，约束条件是紧集。另外，由假设 2 可知，效用函数 U 为 c 的连续函数，因为 $v \in C(S)$，所以，U 也为 $v(z', b', e', s')$ 的连续函数。由上所述，Tv 是定义在紧集上的最大化的连续函数，因此最大值存在。由 $c_t = y_t^d$ 且 $v(z', b', e', s')$ 有界，可知 $U(c)$ 有界，所以，Tv 是有界连续函数。因此可以定义：$T: C(S) \to C(S)$。

二 算子满足布莱克韦尔条件

算子 T 有单调性：

给定两个不同的函数，$u \in C(S)$、$w \in C(S)$，且 $u(z, b, e, s) \geq w(z, b, e, s)$，对于所有的 $(z, b, e, s) \in S$，有：

$$\int_S u(z',b',e',s')F(s,ds') \geq \int_S w(z',b',e',s')F(s,ds') \quad (4.6)$$

因此，$(Tu)(z, b, e, s) \geq (Tw)(z, b, e, s)$。对于任何常数 a 有：

$$(Tv+a)(z,b,e,s) = \max_{c,z',b'}\{U(c) + \beta\int_S[v(z',b',e',s') + a]F(s,ds')\}$$

$$= \max_{c,z',b'}\{U(c) + \beta\int_S v(z',b',e',s')F(s,ds')\} + \beta a$$

$$= (Tv)(z,b,e,s) + \beta a \quad (4.7)$$

由上可知，算子 T 满足布莱克韦尔条件，可知算子 T 的模 $0 < \beta < 1$。由压缩映射定理可知，算子 T 存在一个唯一的不动点，并且当 $v_0 \in C(S)$ 时，$\lim_{n \to \infty} T^n v_0 = v^*$。

第三节　资产选择的最优条件

令 $C'(S)$ 为定义在 S 上的具有上确界范数的函数空间，且此函数空间为有界连续递增的实凹函数空间。选择 $w \in C'(S)$，可知，对任意的 $z_1 < z_2$、$b_1 < b_2$、$e_1 < e_2$，存在 $w(z_1, b, e, s) < w(z_2, b, e, s)$、$w(b_1, z, e, s) < w(b_2, z, e, s)$ $w(e_1, b, z, s) < w(e_2, b, z, s)$，可得：

$$(Tw)(z_1, b, e, s) < (Tw)(z_2, b, e, s), \quad (4.8)$$

$$(Tw)(b_1, z, e, s) < (Tw)(b_2, z, e, s) \quad (4.9)$$

$$(Tw)(e_1, b, z, s) < (Tw)(e_2, b, z, s) \quad (4.10)$$

设 $0 \leq \theta \leq 1$，给定不同可行状态：(z_1, b_1, e_1) 和 (z_0, b_0, e_0)，定义 $z_\theta = \theta z_0 + (1-\theta)z_1$、$b_\theta = \theta b_0 + (1-\theta)b_1$、$e_\theta = \theta e_0 + (1-\theta)e_1$，令 (c_i, z'_i, b'_i, e'_i) 满足 $(Tw)(c_i, z_i, b_i, e_i)$，其中，$i = 0$、1。因为 (z_1, b_1, e_1) 和 (z_0, b_0, e_0) 为可行状态，$(c_\theta, z'_\theta, b'_\theta, e'_\theta)$ 满足预算约束，因此，$(Tw)(z, b, e, s) \geq U(c) + \beta\int_S w(z', b', e', s')F(s, ds')$（因为 U、w 为凹函数）$\geq \theta U(c_0) + (1-\theta)U(c_1) +$

第四章 一般均衡：国际资产均衡价格存在性与唯一性 | 95

$$\theta\beta\int_S w(z_0,b_0,e_0,s')F(s,\mathrm{d}s') + (1-\theta)\beta\int_S w(z_1,b_1,e_1,s')F(s,\mathrm{d}s') =$$
$$\theta(Tw)(c_0,z_0,b_0,e_0) + (1-\theta)(Tw)(c_1,z_1,b_1,e_1)$$
$$(c_i,z'_i,b'_i,e'_i) = (Tw)(c_i,z_i,b_i,e_i)$$

由此可见，$(Tw)(z, b, e, s)$ 为递增凹函数。因为 $C'(S)$ 为 $C(S)$ 的闭子集、T 为 $C(S)$ 上的压缩算子，所以，v^* 为 $C'(S)$ 的一个元素。

证毕。

定理2：对所有的 $(z, b, e, s) \in S$，对值函数 v^* 的 z^d、z^f、b^d、b^f 微分为：

$$v^*_{z^d}(z, b, e, s) = U'(c)(y_t^d + q_t^d) \tag{4.11}$$
$$v^*_{z^f}(z, b, e, s) = U'(c)e_t(y_t^f + q_t^f) \tag{4.12}$$
$$v^*_{b^d}(z, b, e, s) = U'(c) \tag{4.13}$$
$$v^*_{b^f}(z, b, e, s) = eU'(c) \tag{4.14}$$

证明：

类似卢卡斯（1978）的证明，设函数 W 定义在 $W: R_+ \to R_+$，W 为：

$$W(x) = \max_{c,z',b'}\{U(c) + \beta\int_S v(z',b',e',s')F(s,\mathrm{d}s')\} \tag{4.15}$$

s.t.

$$c + q^d z^d + Q^d b^d + e'(q^f z^f + Q^f b^f)$$
$$\leqslant (y^d + q^d)z^d + e(y^f + q^f)z^f + b^d + eb^f \tag{4.16}$$

设 $(y^d + q^d)z^d + e(y^f + q^f)z^f + b^d + eb^f = x$，设 h 为一无穷小量，可得：

$$U[c(x) + h] - U[c(x)] \leqslant W(x+h) - w(x)$$
$$\leqslant U[c(x) + h] - U[c(x+h) - h] \tag{4.17}$$

因此可得：$W'(x) = U'[c(x)]$

定义策略函数（Policy Function）$c^*(z, b, e, s)$、$z^*(z, b, e, s)$、$b^*(z, b, e, s)$，均衡时，$z' = 1$、$b' = 0$、$c^* = y$；当市场出清

时，策略函数的跨期欧拉条件为：

$$U'[y(s)]q^d(s) = \beta\int_S U'[y(s')][y(s') + q^d(s')]F(s,ds') \tag{4.18}$$

$$U'[y(s)]e'q^f(s) = e\beta\int_S U'[y(s')][y(s') + q^f(s')]F(s,ds') \tag{4.19}$$

$$U'[y(s)]Q^{d'}(s) = \beta\int_S U'[y(s')]F(s,ds') \tag{4.20}$$

$$U'[y(s)]e'Q^f(s) = e\beta\int_S U'[y(s')]F(s,ds') \tag{4.21}$$

证毕。

从定理1可以看出，国际资本资产定价存在一个唯一的解，在这个证明中，我们依然用阿罗—德布鲁证券来代替了经济中的生产方面，这暗示着所有的生产都是以股份公司的形式存在着，这些股份公司的股权掌握在消费者手中。如果考虑消费者的投资选择是在有价证券和生产之间进行权衡，那么跨期的约束条件也将会发生变化，这样，就需要把跨期的生产考虑进来。设第 t 期的国内外的生产投入为 P_t^d 和 P_t^f，则式（4.2）的约束条件将为：

$$c_t + q_t^d z_{t+1}^d + Q_t^d b_{t+1}^d + e_{t+1}(q_t^f z_{t+1}^f + Q_t^f b_{t+1}^f) + P_{t+1}^d + P_{t+1}^f$$
$$\leq (y_t^d + q_t^d)z_t^d + e_t(y_t^f + q_t^f)z_t^f + b_t^d + e_t b_t^f + P_t^d + P_t^f \tag{4.22}$$

此时，带有生产的递归均衡为：

$$v(z,b,e,p,s) = \max_{c,z',b',p'}\{U(c) + \beta\int_S v(z',b',e',p',s')F(s,ds')\} \tag{4.23}$$

s.t.

$$c + q^d z^{d'} + Q^d b^{d'} + e'(q^f z^{f'} + Q^f b^{f'}) + P^{d'} + P^{f'}$$
$$\leq (y^d + q^d)z^d + e(y^f + q^f)z^f + b^d + eb^f + P^d + P^f \tag{4.24}$$

$$c \geq 0, \ z' \in Z, \ b' \in B, \ e' \in E \tag{4.25}$$

类似上面的证明，可以证明出消费者即使在阿罗—德布鲁证券和生产之间进行权衡以使自身的长期效用最大化的情况下，也存在唯一的国际资产价格解。在这里,我们用递归均衡分析在时间是离散的情况下,国际资产价格的存在性和唯一性问题。而前面两章的分析建立在时间是连续的情况下,这部分的证明可以参见 Ahmed 和 Teo（1975）,考克斯、英格索尔和罗斯（1985a）,Karatzas、Lehoczky 和 Shreve（1990）的论文。

第五章 总结及研究展望

第一节 总结

本书主要在动态一般均衡的思想上对国际资产配置和资产价格进行阐释，主要分析了国际资产的最优配置和资产价格，以及各国货币政策对资产配置和资产价格所造成的影响。本书的分析框架沿袭了默顿（1973）、索尔尼克（1974）、卢卡斯（1978）、布里登（1979），考克斯、英格索尔和罗斯（1985）、达菲和赞姆（1989）及达菲（2001）的工作（他们是真正的金融经济学大师，他们的工作是一种里程碑式的工作！对他们的工作进行某种突破简直是不可能！），把生产放入到投资者财富约束中，并试图得到更加一般的结论。另外，本书利用所得到的结论对"风险溢价之谜"和"无风险利率之谜"进行解释。最后，我们对国际资产价格的存在性和唯一性进行了证明。

尽管由于近期金融危机的影响，许多国家的国际化进程开始减速，但是，我们也可以看到，这种国际化趋势并不会因此而停止。因此，从国际和长期的角度判断资本、资产的国际配置是大势所趋。由于许多投资银行或者商业银行在进行国际资本资产配置时，考虑的仅仅是资产配置；而许多跨国公司在考虑国际资本资产配置时，又着重在资本配置方面。本书试图把两者联系在一个完整的分析中。虽然这种分析仅仅是理论层面的，但是，如果我们把其中的

第五章 总结及研究展望

结论具体化，是可以对现实中的资产选择和价格进行一定的解释和预测的。

由于资本资产的国际配置势必要考虑到汇率的变化，而仅仅分析资本或资产的流动对汇率所产生的影响会对分析结果造成某些偏差。另外，在以前的汇率决定理论中，往往考虑资本、资产的流动会对汇率造成怎样的影响，但是，很少分析汇率的变动会对资本、资产的流动和价格产生怎样的影响。而且，以前的汇率理论往往是在一个确定性的环境下进行分析的，这在现实中是很难做到的，本书的分析是建立在经济变量是随机的基础上的，这种分析就会比确定性的分析更加贴近现实。根据这种随机的分析，本书得出了动态汇率平价定理。通过这个定理，我们可以发现，决定汇率水平的不但有确定性方面的因素，而且还有其他一些随机性因素，甚至汇率本身的波动也会影响到汇率水平的高低。

在"风险溢价之谜"的解释工作中，前人分析的框架往往是一个无货币的经济，这样，所考察的资产价格往往是一个真实价格。但是，在现实中，经济中的资产价格往往是用货币表示的名义价格，尽管这种名义价格在实证和校准时往往会转化为真实资产价格[①]，但是，这种真实价格往往也包含货币的因素，而不仅仅是来自资产本身价格。这样，在用无货币经济背景下得到的结论进行实证和校准并对实际参数的估计和判断时，就很自然地包括货币的因素。而由于货币发行的波动性，参数往往需要被调高，才能解释这种来自货币的波动。换句话说，以前的分析中，过高的相对风险厌恶系数往往是由货币的波动造成的，如果剔除这种来自货币的波动，相对风险厌恶系数不会那么高，"风险溢价之谜"也许不再会是一个谜。受这种分析思路的影响，我们是否可以认为，相对风险厌恶系数的变大是经济中其他影响资产价格波动所造成的，而不是资产本身所造成的，这是否就意味着卢卡斯（1978）的工作仍旧具

---

① 往往用资产收益率来表示。

有相当的指导作用。

在"无风险利率之谜"的解释方面，由于 CRRA 型效用函数的相对风险厌恶系数与跨期消费替代弹性互为倒数，这样，由于过高的相对风险厌恶系数必定会导致过低的跨期消费替代弹性，并导致过低的借贷利率。根据上面我们对风险溢价的解释，可以发现，在货币经济中不会出现过低的跨期消费替代弹性，这样，"无风险利率之谜"自然也得到了某种解释。

第二节　研究发展与展望

在以往对 CAPM 的扩展中往往是把其他因素考虑进去，这样就派生了国际资产定价、基于货币的资产定价、基于流动性的资产定价、基于投资的资产定价等理论。在国际资产定价理论中，索尔尼克（1974）和斯塔尔兹（Stulz，1981）直接继承了默顿（1973）和布里登（1979）的工作，将一个封闭的资产定价理论扩充成了开放的定价理论。格罗尔、利特森伯格和斯特尔（Grauer, Litzenberger and Stehle, 1976），斯特尔（1979）的工作更多的是基于夏普（1964）的工作，因此，索尔尼克与斯塔尔兹的工作较之格罗尔、利特森伯格、斯特尔和斯特尔（1979）的工作更理论一些，所做出的假设也更基础一些，这些假设也避免了前人研究中的一些不正确的地方。

在对货币因素怎样对资产定价产生影响的研究方面，卢卡斯和斯多基（1987）的现金先行模型可以说，不但给了我们一个非常好的理论框架，而且得到的结论也比较容易用于实证检验。在卢卡斯和斯多基（1987）之后，大量的对资产定价的研究都是基于他们的分析框架。尽管弗里恩德、兰德斯克罗纳和洛斯奇（Friend, Landskroner and Losq, 1976），Chen 和 Boness（1975）的工作是基于传统的定价理论进行研究的，但是，他们的工作缺少一般均衡的思想和洞察。另外，卢卡斯和斯多基的工作的包容性也很好，研究者不但可以从一般均衡的思路中分析定价，而且还可以通过改变货币先行约束的顺序（timing）展开研究，这方面的研究有：辛格尔顿（1985），Finn、Hoffman 和 Schlagenhauf（1990）的工作。从他们的工作中，发现改变货币先行约束的顺序并不会改变资产定价的方程。在模型的动态一致的假设下，资产定价的形式会自然地表现出来。尽管随后 Bakshi 和 Chen（1996），Holmström 和 Tirole（2001），Brennan 和 Xia（2002），Brennan、Wang 和 Xia（2004）的工作进行了某些扩展，但是，可以看出，这些工作都或多或少与卢卡斯和斯多基（1987）有联系。

在基于投资的资产定价方面，从投资角度对资产定价的研究可以追溯到科克伦（1991，1996）的实证工作，科克伦发现，用投资数据能非常好地解释资产收益率。法玛和 French（2006）发现，公司的规模、收益、市场价值对资产价格有一定的解释力。另外，Long 和 Zhang（2008），Long、Petkova 和 Zhang（2008），Evgeny、Sun 和 Zhang（2008）也同样得到了类似的结果。

在理论上，Zhang（2005）认为，厂商的利润函数会受到外部冲击，而这种冲击又是随机的，因此，企业的利润也是随机的，这种随机冲击会反映在企业的股价上。库珀（Cooper，2006）从投资 Q 理论出发，对这种现象进行解释，库珀认为，生产性的投资具有调整成本的作用，所以生产投资不能轻易撤回，这样，将导致不良企业资产的账面价值大于资产市值，因此，这类企业有更多的闲置资产，它们可以抵御外部冲击。而对股东进行大量回报的公司则无法抵御这些冲击，这样，这类企业的系统风险就会很高。最后，Philippon（2008）运用 Q 理论实证发现，该理论能很好地解释债券的价格。可以看出，这种基于投资的资产定价还停留在经验分析阶段，虽然 Q 理论能对资产进行一定的解释，但是，Q 理论分析的毕竟是生产方面，忽略了对消费方面的分析，是一种局部均衡的分析。另外，在实证方面很难找到企业调整成本的相应数据，或者是企业调整成本的代理变量。

在对资产价格动态一般均衡的研究方面，在20世纪七八十年代的工作主要集中在如何把CAPM纳入动态一般均衡的框架下。阿罗（1964）证明，在完全金融市场中，金融市场均衡与纯交换经济的一般均衡在原理上是一样的。拉德纳（Radner，1972）通过阿罗—德布鲁证券来构造一般均衡的生产方面，最后证明，这种均衡就是阿罗—德布鲁均衡。另外，可以证明，在完全市场（Complete Market）中，资产价格及其收益率是一个线性关系。[1] 在不完全市场中，达菲和萨夫（Schafe，1985）证明了大多数不完全市场的均衡也是存在的。

以上这些工作中，都是建立在静态分析的基础上的，认为市场的收益率、无风险利率和组合都是静态的。另外，这些模型用阿罗—德布鲁证券来代替生产，这样，很难看出生产是如何影响均衡的。把静态CAPM扩展到动态一般均衡的工作可以追溯到默顿（1969，1971，1973）。默顿首先把马科维茨的收益—风险问题扩展到投资者长期效用最大化上，默顿认为，投资者对资产进行选择是使自身的长期效用达到最大。在认为证券的动态收益率是一个伊藤过程时，默顿推导出了动态CAPM，该模型不但涵盖了静态CAPM，并且发现，投资者的组合还受到投资者财富相对风险厌恶系数的影响[2]，默顿把这个模型叫作ICAPM（Intertemporal Capital and Asset Pricing）。默顿的工作可以说是CAPM动态一般均衡化的萌芽，他的思想和拉德纳均衡的思想很接近，生产方面都是用阿罗—德布鲁证券来代替，资产选择的目的都是消费者效用最大化，默顿把拉德纳均衡的序贯交易扩展到一个连续交易的框架下，使拉德纳均衡的思

---

[1] 达菲和赞姆（1989）利用等价鞅证明，在时间是连续的情况下，以上线性关系仍然成立。

[2] 因为在静态CAPM中，假设投资者是风险中性的，所以，不会出现风险厌恶系数。而在动态CAPM中，暗含了投资者是风险厌恶型的，因此，可用风险厌恶系数对其风险忍受力进行评估。

想得到了动态化处理。但是，默顿推导出的 β 是一个多重 β (multi-beta)，需要根据状态来确定其大小，因此，无法用于实证。另外，从默顿模型中很难看出拉德纳均衡中消费和资产收益率的关系。

为了弥补以上不足，布里登（1979）把默顿的分析扩展到一个以消费为导向的资本资产定价模型中。布里登把默顿模型中的财富相对风险厌恶系数巧妙地转化为效用的相对风险厌恶系数，如果这个系数在常数的条件下，就可以得到一个具有消费和资产收益率的单 β 系数连续时间定价模型。这样，就可以直接通过消费而不是通过状态来衡量资产收益率了，并把多重 β 转化为一个单一的 β。这样，布里登就把默顿的 ICAPM 扩展到了 CCAPM（Consumption-based CAPM）。可以看出，布里登模型比默顿模型更加接近拉德纳均衡的框架，布里登模型中不但清晰地表达了消费的情况，而且还出现了拉德纳均衡时的资产价格表达式[1]，但是，也可以看出，默顿和布里登模型仍旧是一个局部均衡模型，他们的前提假设都认为，个人预算是一个随机的过程，并且他们仍旧把生产进行了外生化处理。

考克斯、英格索尔和罗斯（1985a，b）克服了以上缺陷，并吸纳了默顿和布里登模型的长处，在分析中，他们把生产考虑进去，使之成为一个真正意义上的动态一般均衡理论。在他们的工作中，无风险利率、资产收益率完全可以内生化，无风险利率、资产收益率和资产组合都可以用生产的性质进行描述，传统的 CAPM 形式也仅仅是其模型中的一个特解。由于考克斯、英格索尔和罗斯的模型中的生产方面是真正意义上的生产，而不是像前人一样，用阿罗—德布鲁证券来替代生产，所以，他们得出的均衡是阿罗—德布鲁均衡。

---

[1] 因为在拉德纳均衡情况下，资产的贴现价格就等于消费贴现，由总消费和资产收益率是一个线性关系，就可以得到资产价格和资产收益率是一个线性关系。

卢卡斯（1978）用随机递归方法论证了在纯交换经济中证券价格的存在性与唯一性问题。卢卡斯证明了在最大化消费者长期效用函数的情况下，证券市场中存在一组价格的均衡解。卢卡斯和默顿虽然都是在动态角度下，对消费者的最优行为进行分析，但是，两者有显著的不同。首先，默顿认为，时间是连续的，而卢卡斯的分析是建立在离散的基础上的。其次，默顿假设了证券收益率是符合伊藤公式的，消费者在此条件下进行选择，以使自身的效用最大，而卢卡斯并没有假设证券价格具体的变化情况，仅仅认为产出是随机的。最后，默顿得出，消费者的长期最优选择满足经典的夏普 β，资产收益率还与相对风险厌恶系数有关，而卢卡斯得出的资产收益率不取决于相对风险厌恶系数，而是需要满足欧拉条件。[①] 另外，由于卢卡斯没有假设证券价格的具体形式，因此，他只是考察市场中的均衡的证券价格是否存在。

卢卡斯的分析不再仅仅局限在消费者的选择是否满足夏普 β 方面，而是考虑在交换均衡基础上，满足夏普 β 的选择是否存在。尽管卢卡斯的分析建立在经济的均衡方面，但他的分析是一个局部均衡，没有考虑经济中的产出方面。另外，对价格存在性的证明并不能体现资产到底是怎样定价的，缺乏与其他定价理论的联系。

达菲和爱泼斯坦（1992）用局部梯度表示式（Local Gradient Representation）证明了如果在效用函数是可微的情况下，默顿的随机控制解也可以用随机递归方法得出，在理论中，效用函数往往被认为是可微的，所以可以说，这两种方法得出的结果是等价的。

达菲和黄（1985）、达菲（1986）证明了在动态均衡的情况下，完全市场不需要像在静态时需要存在与状态数量相一致的证券，动态均衡仅仅需要非常少的证券数量[②]就可以达到拉德纳均衡。另外，达菲和赞姆（1989）证明了在连续交易的情况下，资产的价格等于

[①] 即消费者跨期的边际效用之比，随后的研究把这种关系就叫作随机贴现因子（stochastic discount factor）。

[②] 该数量为状态树（State Tree）上最大的分叉（Branch）数。

其未来收益的期望,这样,就把静态的拉德纳均衡扩展到动态的情况下了,由于资产的贴现价格就等于消费的贴现,所以,就可以利用此结果推导出默顿和布里登的结果。

可以看出,在这个时期,工作主要方向是把静态的 CAPM 扩展到动态一般均衡的框架下。

达菲(2001)在他的名著《动态资产定价》中有一个精辟的概括:"对于 20 世纪 80 年代中期离开学校的学生来说,1969—1979 年是动态资产定价发展的黄金时期……1979 年以后,就没有什么太突出的工作了,剩下的就是一些收尾工作了。"尽管坎贝尔(2000)在他对资产定价工作进行总结的论文——《新千年的资产定价》中写道:"不可否认前人做出了很突出的工作,但是,1979—1999 年仍是非常多产的阶段。"但是,不可否认的是:基础工作的确做完了!坎贝尔对未来资产定价的美好期望得要感谢卢卡斯,没有他 1978 年的论文和 1987 年的论文,很难想象坎贝尔会对资产定价的发展这么乐观。尽管坎贝尔对未来是这么的乐观,但是,也不得不承认坎贝尔更多的是对理论检验方面的乐观,而不是对资产定价理论本身发展的乐观。在达菲所说的所谓资产定价的黄金期间,默顿(1973),卢卡斯(1978),布里登(1979),考克斯、英格索尔和罗斯(1985a,b),达菲和黄(1985),达菲(1986),黄(1987),达菲和赞姆(1989),达菲和爱泼斯坦(1992)是这方面的开创者。

经过近 60 年的发展,CAPM 理论从一个简单的金融模型走向了一个有深刻经济含义的理论,在其基础日渐成熟的情况下,该理论的内涵得到了不断扩充。这个领域的研究仍旧没有停止,各种方法相互交织,新的思想不断涌现,这些发展仍旧努力使自身纳入一般均衡的分析框架下,以增加它们在理论上的普适性与对现实的解释力。

正因为如此,由于现实世界的复杂性,使这些理论进展要么有非常好的理论普适性,但对现实的解释力又很弱;要么有非常好的现实解释力，但往往又仅是一个局部分析，缺乏理论的深度和广度。总的来说，该理论的一个发展方向就是尽量能为实证工作提供一个良好的分析思路，另一个发展方向就是能对现实中资产的波动、收益有一个清晰、明确的理论解释。

参考文献

Ahmed, N. U. and Teo, K. L., "Optimal Control of Stochastic Ito Differential Systems with Fixed Terminal Time", *Advances in Applied Probability*, Vol. 7, No. 1, 1975, 154/178.

Altug Sumru and Labadie Pamela, *Dynamic Choice and Asset Markets*, Academic Press, 1994.

Alvarez Fernando, Atkeson Andrew and Kehoe Patrick, "Money, Interest Rates, and Exchange Rates with Endogenously Segmented Markets", *The Journal of Political Economy*, Vol. 110, No. 1 (Feb.), 2002, 73/112.

Arrow, K. J., "The Role of Securities in the Optimal Allocation of Risk-bearing", *The Review of Economic Studies*, Vol. 31, No. 2, Apr., 1964, 91/96.

Bakshi Gurdip and Chen Zhiwu, "Inflation, Asset Prices, and the Term Structure of Interest Rates in Monetary Economies", *The Review of Financial Studies*, Vol. 9, No. 1 (Spring), 1996, 241/275.

Bansal Ravi and Coleman Wilbur, "A Monetary Explanation of the Equity Premium, Term Premium, and Risk-free Rate Puzzles", *Journal of Political Economy*, Vol. 104, 1996, 1135/1171.

Barberis, N., A. Shleifer and R. Vishny, "A Model of Investor Sentiment", *Journal of Financial Economics*, Vol. 49, 1998, 307/345.

Benartzi, S. and R. Thaler, "Myopic Loss Aversion and the Equity Premium Puzzle", *Quarterly Journal of Economics*, Vol. 110, 1995,

75/92.

Black, F. and M. Scholes, "The Pricing of Options and Corporate Liabilities", *Journal of Political Economy*, Vol. 81, No. 3 (May - June), 1973, pp. 637/654.

Boudoukh Jacob and Richardson Matthew, "Stock Returns and Inflation: A Long - Horizon Perspective", *American Economic Review*, Vol. 83, 1993, 1346/1355.

Breeden, T., "An Intertemporal Asset Pricing Model with Stochastic Consumption and Investment Opportunities", *Journal of Financial Economics*, Vol. 7, 1979, 265/296.

Brennan, M., "The Pricing of Contingent Claims in Discrete Time Models", *Journal of Finance*, Vol. 34, 1979, 53/68.

Brennan, M. and Schwartz, E. S., "A Continuous Time Approach to Pricing Bonds", *Journal of Banking and Finance*, Vol. 3, 1979, 133/155.

Brennan Michael and Xia Yihong, "Dynamic Asset Allocation under Inflation", *The Journal of Finance*, Vol. 57, No. 3 (Jun), 2002, 1201/1238.

Brennan Michael, Wang Ashley, Xia Yihong, "Estimation and Test of a Simple Model of Intertemporal Capital Asset Pricing", *The Journal of Finance*, Vol. 59, No. 4 (Aug.), 2004, 1743/1775.

Brown Stephen, Goetzmann William and Ross Stephen, "Survival", *Journal of Finance*, Vol. 50, 1995, 853/873.

Campbell, John Y., "Asset Prices, Consumption, and the Business Cycle", in John Taylor and Michael Woodford, eds., *Handbook of Macroeconomics*, Vol. 1 North - Holland, Amsterdam, 1999.

Campbell John, "Asset Pricing at the Millennium", *The Journal of Finance*, Vol. 55, No. 4, 2000, 1515/1567.

Campbell John, Martin Lettau, Burton Malkiel and Yexaio Xu, "Have

Individual Stocks Become More Volatile? An Empirical Exploration of Idiosyncratic Risk", *Journal of Finance*, Vol. 56, No. 1, 2001, 1/43.

Campbell John and Vuolteenaho Tuomo, "Inflation Illusion and Stock Prices", *The American Economic Review*, Vol. 94, No. 2, Papers and Proceedings of the One Hundred Sixteenth Annual Meeting of the American Economic Association San Diego, CA, January 3 – 5, (May), 2004, 19/23.

Chan, K. C., Foresi Silverio, Lang Larry, "Does Money Explain Asset Returns? Theory and Empirical Analysis", *The Journal of Finance*, Vol. 51, No. 1 (Mar.), 1996, 345/361.

Chen, H. and Boness, J., 1975, "Effects of Uncertain Inflation on the Investment and Financing Decisions of a Firm", *The Journal of Finance*, Vol. 30, No. 2, 469 – 483.

Cochrane John, "Production – based Asset Pricing and the Link between Stock Returns and Economic Fluctuations", *The Journal of Finance*, Vol. 46, No. 1 (Mar.), 1991, 209 – 237.

Cochrane John, "A Cross – Sectional Test of an Investment – Based Asset Pricing Model", *The Journal of Political Economy*, Vol. 104, No. 3 (Jun.), 1996, 572/621.

Cochrane, John H., *Asset Pricing*, Princeton University Press, 2001.

Coleman John, Christian Gilles and Pamela Labadie, "The Liquidity Premium in Average Interest Rates", *Journal of Monetary Economics*, Vol. 30 (3), 1992, 449/465.

Cooper Ilan, "Asset Pricing Implications of Non – convex Adjustment Costs and Irreversibility of Investment", *Journal of Finance*, Vol. 61 (1), 2006, 139/170.

Cornell, B., "The Money Supply Announcements Puzzle: Review and Interpretation", *American Economic Review*, Vol. 83, 1983,

644/657.

Cowles, A., "Can Stock Market Forecasters Forecast?", *Econometrica*, Vol. 1, 1933, 309/324.

Cowles, A. and Jones, H., "Some Posteriori Probabilities in Stock Marker Action", *Econometrica*, Vol. 5 July, 1937, 780/794.

Cox, John C. and Stephen A. Ross, "The Valuation of Options for Alternative Stochastic Processes", *Journal of Financial Economics*, Vol. 3, 1976, 145/166.

Cox John, Ross Stephen and Rubinstein, M., "Option Pricing: A Simplified Approach", *Journal of Financial Economics*, Vol. 7, 1979, pp. 229/264.

Cox, John, Jonathan Ingersoll and Stephen Ross, "A Theory of the Term Structure of Interest Rates", *Econometrica*, Vol. 53, 1985, 385/407.

Cox John, Ingersoll Jonathan and Ross Stephen, "An Intertemporal General Equilibrium Model of Asset Prices", *Econometrica*, Vol. 53, No. 2, 1985, 363/384.

Daniel, K., D. Hirshleifer and A. Subrahmanyam, "Investor Psychology and Security Marketunder - and Overreactions", *Journal of Finance*, Vol. 53, 1998, 1839/1885.

De Bondt Werner and Thaler Richard, "Does the Stock Market Overreact?", *Journal of Finance*, Vol. 40 (3), 1985, 793/805.

Delong, J. D., Shleifer, A., Summers, L. H. and Waldman, R. J., "Noise Trader Risk in Financial Market", *Journal of Political Economy*, Vol. 98, 1991, 703/738.

Dood, P., *The Effect on Market Value of Transaction in the Market for Corporation Control*. CRSP, Chicago: University of Chicago, 1981.

Dooley, M. and Isard, P., "The Portfolio Model of Exchange Rates and Some Structural Estimates of the Risk Premium", *IMF Staff paper*,

Vol. 30, 1983, 683/702.

Duffie Darrell and Huang Chi – Fu, "Implementing Arrow – Debreu Equilibria by Continuous Trading of Few Long – Lived Securities", *Econometrica*, Vol. 53, No. 6 Nov., 1985, 1337/1356.

Duffie Darrell, "Stochastic Equilibria: Existence, Spanning Number, and the 'No Expected Financial Gain from Trade' Hypothesis", *Econometrica*, Vol. 54, No. 5, 1986, 1161/1183.

Duffie Darrell and Zame William, "The Consumption – Based Capital Asset Pricing Model", *Econometrica*, Vol. 57, No. 6 (Nov.), 1989, 1279/1297.

Darrell Duffie and Larry Epstein, "Stochastic Differential Utility", *Econometrica*, Vol. 60, No. 2 Mar., 1992, 353/394.

Duffie Darrell, *Dynamic Asset Pricing Theory*, Princeton University Press, 2001.

Evgeny Lyandres, Sun Le and Zhang Lu, "The New Issues Puzzle: Testing Investment based Explanation", *Review of Financial Studies*, 2008, forthcoming.

Fama, Eugene, "Efficient Capital Markets: A Review of Theory and Empirical Work", *Journal of Finance*, Vol. 25, 1970, 383/417.

Fama, Eugene, *Foundation of Finance – Portfolio Decisions and Securities Prices*, New York Basic Books, 1976, 133/137.

Fama Eugene and Schwer William, "Asset Returns and Inflation", *Journal of Financial Economics*, Vol. 5 (2), 1977, 115/146.

Fama Eugene F. and Kenneth French, "The Cross – section of Expected stock Returns", *Journal of Finance*, Vol. 47, 1992, 427/466.

Fama Eugene and French Kenneth, "The Value Premium and the CAPM", *Journal of Finance*, Vol. 61 (5), 2006, 2163/2185.

Finn Mary, Hoffman Dennis and Schlagenhauf Don, "Intertemporal Asset – pricing Relationships in Barter and Monetary Economies An Empirical Analysis", *Journal of Monetary Economics*, Vol. 25 (3), 1990, 431/451.

Friend Irwin, Landskroner Yoram and Losq Etienne, "The Demand for Risky Assets Under Uncertain Inflation", *The Journal of Finance*, Vol. 31, No. 5, 1976, 1287/1297.

Grossman, S. and Stiglitz, J., "On the Impossibility of Informationally Efficient Markets", *American Economic Review*, Vol. 70, 1980, 393/408.

Grauer, Frederick, Litzenberger, Robert and Stehle, Richard, "Sharing Rules and Equilibrium in an International Capital Market Under Uncertainty", *Journal of Financial Economics*, Vol. 3 (3), 1976, 233/256.

Hansen Lars and Singleton Kenneth, "Generalized Instrumental Variables Estimation of Nonlinear Rational Expectations Models", *Econometrica*, Vol. 50, No. 5, 1982, 1269/1286.

Harrison, M. and Kreps, D., "Martingales and Arbitrage in Multiperiod Security Markets", *Journal of Economic Theory*, Vol. 20, 1979, 381/408.

Henning Bohn, "On Cash – in – Advance Models of Money Demand and Asset Pricing", *Journal of Money, Credit and Banking*, Vol. 23, No. 2 (May), 1991, 224/242.

Hong, H. and Stein, J., "Unified Theory of Underreaction, Momentum trading, and Overreaction in Asset Markets?", *Journal of Finance*, Vol. 54, 1999, 2143/2184.

Holmström Bengt and Tirole Jean, "LAPM: A Liquidity – Based Asset Pricing Model", *The Journal of Finance*, Vol. 56, No. 5 (Oct.), 2001, 1837/1867.

Hooper, P. and Merton, J., "Fluctuations in the Dollar: A Model of Nominal and Real Exchange Rate Determination", *Journal of Inter-*

national Money and Finance, Vol. 1, 1982, 89/109.

Huang Chi - Fu, "An Intertemporal General Equilibrium Asset Pricing Model: The Case of Diffusion Information", *Econometrica*, Vol. 55, 1987, 117/142.

Huberman, G., "A Simple Approach to Arbitrage Pricing", *Journal of Economic Theory*, Vol. 28, 1982, 183/191.

Jenson, M. C., "Some Anomalous Evidence Regarding Market Efficiency", *Journal of Financial Economics*, Vol. 6, 1978, 95/101.

Jorion Philippe and Goetzmann William, "Global Stock Markets in the Twentieth Century", *Journal of Finance*, Vol. 54, 1999, 953/980.

Kahneman, D. and A. Tversky, "Prospect Theory: An Analysis of Decision under Risk", *Econometrica*, Vol. 47, 1979, 263/291.

Karatzas Ioannis, Lehoczky John and Shreve Steven, "Existence and Uniqueness of Multi - Agent Equilibrium in a Stochastic, Dynamic Consumption Investment Model", *Mathematics of Operations Research*, Vol. 15, No. 1, 1990, 80/128.

Keown Pinkerton, "Merger Announcements and Insider Trading Activity: An Empirical Investigation", *The Journal of Finance*, Vol. 36, 1981, 855/869.

Khan M. Ali and Sun Yeneng, "The Capital - Asset - pricing Model and Arbitrage Pricing Theory: A Unification", *Economic Sciences*, Vol. 94, 1997, 4229/4232.

Kothari, P. and Shanken Jay, "Asset Allocation with Inflation - Protected Bonds", *Financial Analysts Journal*, Vol. 60, No. 1, 2004, 54/70.

Lintner John, "Valuation of Risk Assets and the Selection of Risky Investments in Stock Portfolios and Capital Budgets", *Review of Economics and Statistics*, Vol. 47, No. 1, 1965, 13/37.

Liu Jun, "Portfolio Selection in Stochastic Environments", *The Review of*

Financial Studies, Vol. 20, No. 1, 2007, 1/39.

Lo, A. W. and Mackinlay, A. C., "Stock Market Prices do not Follow Random Walls: Evidence from a Single Specification Test", *Review of Financial Study*, Vol. 1, 1988, 41/66.

Long Chen, Petkova Ralitsa and Zhang Lu, "The Expected Value Premium", *Journal of Financial Economics*, Vol. 87 (2), 2008, 69/280.

Long Chen and Zhang Lu, "*Neoclassical factors*", Working Paper, University of Michigan, 2008.

Lucas Robert, "Asset Prices in an Exchange Economy", *Econometrica*, Vol. 46, 1978, 1429/1445.

Lucas Robert, "Interest Rates and Currency Prices in a Two Country World". *Journal of Monetary Economics*, Vol. 10, 1982, 335 – 359.

Lucas Robert and Stokey Nancy, "Money and Interest in a Cash – in – Advance Economy", *Econometrica*, Vol. 55, No. 3, 1987, 491/513.

Lucas Robert, "On the Mechanics of Economic Development", *Journal Monetary Economics*, Vol. 22, 1988, 3/42.

MacDonald, R. and Torrance, S., "£ M3 Surprises and Asset Prices", *Economica*, Vol. 54, No. 216, 1987, 505/515.

Mankiw Gregory and Zeldes Stephen, "The Consumption of Stockholders and Non – stockholders", *Journal of Financial Economics*, Vol. 29, 1991, 97/112.

Markowitz Harry, "Portfolio Selection", *Journal of Finance*, Vol. 7, 1952, 77/91.

Mehra Rajnish and Prescott Edward, "The Equity Premium: a Puzzle", *Journal of Monetary Economics*, Vol. 15 (2), 1985, Vol. 15 (2), 145/161.

Merton Robert, "Lifetime Portfolio Selection under Uncertainty: The Continuous - Time Case", *Review of Economics and Statistics*, Vol. 51, 1969, 247/257.

Merton Robert, "Optimum Consumption and Portfolio Rules in a Continuous - time Model", *Journal of Economic Theory*, Vol. 3, 1971, 373/413.

Merton Robert, "An Intertemporal Capital Asset Pricing Model", *Econometrica*, Vol. 41, 1973a, 867/887.

Merton Robert, "Theory of Rational Option Pricing", *Bell Journal of Economics*, Vol. 4 (1), 1973b, 141/183.

Merton Robert, "A Simple Model of Capital Market Equilibrium with Incomplete Information", *Journal of Finance*, Vol. 42 (3), 1987, 483/510.

Merton Robert, *Continuous Time Finance*. Oxford Press: Basil Blackwell, 1992.

Merton Robert, "Application of Option - Pricing Theory: Twenty - five Year Later", *The American Economic Review*, Vol. 88, 1998, 323/349.

Modigliani Franco and Cohn Richard, "Inflation, Rational Valuation, and the Market", *Financial Analysts Journal*, Vol. 37 (3), 1979, 24/44.

Mossin Jan, "Equilibrium in a Capital Asset Market", *Econometrica*, Vol. 10, No. 34 (3), 1966, 349/360.

Noel Amenc and Veronique Le Sourd, *Portfolio Theory and Performance Analysis*. Wiley Press, 2003.

Philippon, Thomas, "*The bond market's q*", Working Paper, New York University, 2008.

Radner Roy, "Existence of Equilibrium of Plans, Prices, and Price Expectations in a Sequence of Markets", *Econometrica*, Vol. 40, No. 2, 1972, 289/303.

Ravi Bansal and Wilbur Coleman, "A Monetary Explanation of the Equity Premium, Term Premium, and Risk - Free Rate Puzzles", *The Journal of Political Economy*, Vol. 104, No. 6, 1996, 1135/1171.

Reuben Kessel, "Inflation - Caused Wealth Redistribution: A Test of a Hypothesis", *The American Economic Review*, Vol. 46, No. 1, 1956, 128/141.

Roll Richard, "A Critique of the Asset Pricing Theory's Tests", *Journal of Financial Economics*, Vol. 4, 1977, 129/176.

Romer Paul, "Endogenous Technological Change", *The Journal of Political Economy*, Vol. 98, No. 5, 1990, S71/S102.

Ross Stephen, "The Arbitrage Theory of Capital Asset Pricing", *Journal of Economic Theory*, Vol. 13, 1976, 341/360.

Ross Stephen, "The current Status of the Capital Asset Pricing Model", *Journal of Finance*, Vol. 23, 1978, 885/901.

Rubinstein Mark, "The Valuation of Uncertain Income Streams and the Pricing of Options", *Bell Journal of Economics and Management Science*, Vol. 7, 1976, 407/425.

Samuelson Paul, "Rational Theory of Warrant Pricing", *Industrial Management Review*, Vol. 6, 1965, 13/31.

Sargent Thomas, "A Note on Maximum Likelihood Estimation of the Rational Expectations Model of the Term Structure", *Journal of Monetary Economics*, Vol. 5, 1979, 33/143.

Sargent Thomas, *Macroeconomic Theory*, Academic Press, 1987.

Senbet Lemma, "International Capital Market Equilibrium and the Multinational Firm Financing and Investment Policies", *The Journal of Financial and Quantitative Analysis*, Vol. 14, No. 3, 1979, 455/480.

Sharpe William, "Capital Asset Prices: A Theory of Market Equilibrium Under Conditions of Risk", *Journal of Finance*, Vol. 19, No. 3,

1964, 425/442.

Shiller Robert, "Do Stock Prices Move Too Much To Be Subsequent Changes in Dividends?", *American Economic Review*, Vol. 71, 1981, 421/436.

Singleton Kenneth, "Testing Specifications of Economic Agents' Intertemporal Optimum Problems in the Presence of Alternative Models", *Journal of Econometrics*, Vol. 30 (1 – 2), 1985, 391/413.

Singleton Kenneth, "Specification and Estimation of Intertemporal Asset Pricing Models", Handbook of Monetary Economics, in: Friedman, B. M. and Hahn. F. H. (ed.), *Handbook of Monetary Economics*, Edition 1, Volume 1, Chapter 12, 1990, 583 – 626.

Shleifer Andreiand and Summers Lawrence, "The Noise Trader Approach to Finance", *Journal of Economic Perspectives*, Vol. 4, No. 2, 1990, 19/33.

Shleifer, A. and Vishny Robert, "The Limits of Arbitrage", *Journal of Finance*, Vol. 52, 1997, 35/55.

Solnik Bruno, "An Equilibrium Model of the International Capital Market", *Journal of Economic Theory*, Vol. 8, 1974, 500/524.

Stock James and Watson Mark, "Forecasting Output and Inflation: The Role of Asset Prices", *Journal of Economic Literature*, Vol. 41, No. 3, 2003, 788/829.

Stulz Rene, "A Model of International Asset Pricing", *Journal of Financial Economics*, Vol. 9, 1981, 383/406.

Tobin James, "Liquidity Preference as Behavior Towards Risk", *Review of Economic Studies*, Vol. 25, 1958, 65/86.

Vasicek Oldrich, "An Equilibrium Characterization of the Term Structure", *Journal of Financial Economics*, Vol. 5, 1977, 177/188.

Working Holbrook, "A Random Difference Series for use in the Analysis of time Series", *Journal of the American Statistical Association*,

Vol. 29, 1934, 11/24.

Wurgler Jeffrey and Zhuravskaya Ekaterina, "Does Arbitrage Flatten Demand Curves for Stocks?", *Journal of Business*, Vol. 75 (4), 2002, 583/608.

Zhang Lu, "The Value Premium", *Journal of Finance*, Vol. 60 (1), 2005, 67/103.

Zvi Bodie, "Common Stocks as a Hedge Against Inflation", *The Journal of Finance*, Vol. 31, No. 2, 1976, 459/470.

后　记

本书是在我的博士学位论文基础上修改完成的。回想博士学习阶段，导师雷教授给了我非常宽松的环境，让我进行学习与研究，我不用像其他同学那样去兼职养活自己，并可以任意选择自己想听的课程。

同时，每周两三次和导师与同门进行微观经济学、宏观经济学与计量经济学学术讨论，让自己有了一个扎实的经济学基础，使自己可以在这个行业中继续前进。

博士毕业后，有幸进入中国社会科学院经济研究所经济增长理论研究室工作，并因此对经济增长理论产生了很大的兴趣。在工作期间，得到了张平老师、刘霞辉老师的很多帮助。没有他们，我还不知道会在什么地方做什么无聊的工作。此外，他们对我产生了很大的影响，让我对经济理论的理解进一步加深，并对真实经济产生了一定的兴趣。

如果说大多数研究是得到均衡解的话，那么一个更基础的考虑是哪些条件能保证经济均衡的存在与唯一。如果经济均衡不能存在，那么以后的分析也将无从谈起。在我看来，整个经济理论（包括微观经济学与宏观经济学）都是在探讨均衡存在性与唯一性的条件，只有建立在此基础之上的经济分析，才能对真实经济进行解释。

如果说经济理论有一定的价值的话，我认为，它给予了研究者一个分析基准与框架——如何对真实经济进行解释与判断。尽管现实世界很复杂，经济理论的假设前提往往与现实是不符的，但是，理论分析依然会有一个基准,使所提出的现实机制设计向这个基准靠拢。

我不得不感谢经济增长理论研究室对我的帮助!研究室给我提供了一个非常宽松的工作环境,让我不用操心世俗的事情,对我仅有的要求就是弄清我所感兴趣的研究方向。而对于我来说,生活不仅应该是一个吸收已有知识的过程,还应该是一个创造的过程。哪怕是一个微小的突破也会给自己带来极大的满足,这往往不是金钱和职务所能给予的。

感谢家庭对我的支持与帮助!最后感谢"中国经济试验研究院实证中国系列丛书对本书"出版的支持!

郭 路
2016 年 10 月
于北京顺义